元オリンピック＆日本代表コーチ
田中信弥
Shinya Tanaka
理論物理学者
松尾 衛
Mamoru Mouri

新装版

勝てる!
理系なテニス

物理で証明する9割のプレイヤーが間違えている〝その常識〟!

日本文芸社

「これはひどい……」

テニス仲間6人と、新宿の居酒屋で終電まで飲んだ翌日。テレビに流れるラファエル・ナダルの特集番組を眺めていた私は、相変わらずストイックなナダルの練習姿勢を見ながら独り言をつぶやいた。

雄大な自然が広がるナダルの故郷、スペインはマヨルカ島。テレビカメラは、その島の風景とは似つかない立派な佇《たたず》まいのインドアコートで、極秘練習を積むナダルの姿を捉《とら》えていた。

ストロークとボレーの練習に励む彼の髪は、いつもどおり汗でびしょびしょに濡れている。時折、コーチを務めるトニ・ナダル氏の姿も映る。彼はナダルの実の叔父だ。ナダルがサービス練習に入ったとき、その叔父が耳を疑うような言葉を口にした。

「ラファ、ボールを上から叩きつけるようにサービスは打つんだ！」

私は狼狽《ろうばい》した。このアドバイスが、物理学を覆《くつがえ》すものだったからだ。

サービスは下から上に打つ。これが物理学の導き出された結論。約3メートルの高さから打たなければ、上から叩きつけてもほぼサービスボックスには入らないことがわかっているからだ。

その身長から考えると、高さ約3メートルの打点を確保しづらいナダルは、この常軌を逸《いっ》したアドバイスをどのように受け止めたのだろう？　液晶に映る表情や仕草から嗅《か》ぎ分けると、どうやらトニ氏のアドバイスを信じたようだ。ナダルは、ボールを一生懸命に上から叩きつけるようにサービスを打っている。

あなたは、おかしいと思わないだろうか。今さっき、サービスは下から上に打つしか入らないと言ったばかりなのに。ナダルは上から叩きつけ、ガンガン素晴らしいサービスを入れている……。実はこれ、私が言うところの〝地雷《じらい》〟アドバイスだ。ナダルのようにテニスが上手であれば、理論的に間違っていてもうまくいく。そう、地雷を踏まずによい結果を出し続けることができるのだ。しかし、ウィークエンドプレーヤーは、そうはいかない。「上から下に打ちつけろ」とアドバイスされれば、即座に地雷を踏むことが確定。いくらナダルの真似をしても、結果は真逆。サービスはすべてネットフォルトとなる。

いったい両者のあいだには、どんな違いがあるのだろう？　上から下に叩きつけてサービスが入る人と、まったく入らない人。同じアドバイスを受けながら、結果だけ逆さとなることなどあるのだろうか。

実は、ある。その証拠に、あなたの周りにもいるのではないだろうか？　「サービスは、なるべく上から打て」と言われ、一生懸命に実践しながらも、一向にサービスの入らない人が。練習を積んでも、積んでも、思うようにうまくならない人が。

そのすべての人が、地雷アドバイスを踏んだからうまくサービスが打てない、とは断言しない。ただ、地雷アドバイスでテニス生涯を棒に振り、引退していったウィークエンドプレーヤーは、今までハリウッド映画に出てきたゾンビの総数をはるかに上回る。なので、絶対に軽視はできない。

私が主宰する、ウィークエンドプレーヤーテニス再生機関『瞬間直し実践会』の会員さんも愚痴っていた。

「ジョコビッチが、サービスは上から下に打つと言っていましたよ。これって、間違いですよね。でも世界ナンバーワンのプレーヤーがコメントしたら、世界中のテニスプレーヤーが上から打ち始めるのではないですか？」

そう、このように現実テニス界には地雷がたくさん埋め込まれている。世界最高峰に位置する選手たちが、理論とは真逆のことを述べることも多いからだ。

なぜ選手や有名コーチほどの人物が、理論と真逆のことを口にするのか？　テニスのアドバイスは2種類あるからだ。「現象（見た目）アドバイス」と「体感（身体が感じたこと）アドバイス」のふたつだ。

現象アドバイスは、打ち方の見た目、フォームを分析して伝える。体感アドバイスは、完全にプレーヤーが身体で感じたことを伝える。なので、時に理論と真逆のアドバイスが生じるわけだ。そして、おそらくトニ氏やノバク・ジョコビッチのコメントは、体感（身体が感じた）アドバイスだろう。

現象（見た目）アドバイスと、体感（身体が感じた）アドバイス。世の中に2種類のアドバイスが存在することなど、多くのウィークエンドプレーヤーは知らない。「世界でいちばん強いテニスプレーヤーが言うなら間違いない」「世界で最も有名なコーチのひとりが言うなら聞くべきだ」と、単純に思うことは仕方がないことだ。ただ……プロ選手が体感アドバイス（身体が感じたこと）でもうまく打てるのとは違い、ウィークエンドプレーヤーは地雷を踏むことになる。これが、大問題なのだ。プロは「上から下に叩きつける」と言いつつ、現象（見た目）的には、きちんと下から上に打つ。が、ウィークエンドプレーヤーは、愚直に上から下に叩きつけて打ってしまう。そう、物理を無視したスイングを頑張って振り続けるので、望む結果がいつまでたっても得られない。そうして、迷い道に入ることとなる。

いったい、地雷を踏み続けるウィークエンドプレーヤーの未来はどうなるのだろう？

インタビューを受けるナダルの顔を眺めながら、幸せホルモンであるセロトニンが、脳の中から減っていく。

「地雷を踏んだウィークエンドプレーヤーを、救い出すことはできるのだろうか？」

「地雷を踏まず、ウィークエンドプレーヤーは成長できるのか？」

二日酔いの頭を枕からゆっくりと起こし、肘《ひじ》を支えにベッドから立ち上がると、足元を確かめながら冷蔵庫へと向かう。2リットル入りのペットボトルを取り出し、大きめのマグカップに水をなみなみと注ぎ、グイッとひと口飲むと、決意が固まった。

冷蔵庫の横にある、カリモクの机の上に無造作に置かれた携帯電話に手を伸ばす。気鋭の理論物理学者であり、テニス愛好家でもある松尾衛先生に電話を入れるためだ。

高校時代の〝部活テニス〟でトラウマを発症させ、以来、テニスとは無縁となった松尾先生。激務からくる不摂生がたたり、体重が84キロを超えたところで、自宅近所のテニススクールに通い出した。そして、テニス再開後は、得意の理論物理学を駆使し、わずか180日で初級者から中上級クラスまで奇跡の上達を果たした。

これが、松尾先生に連絡した理由だ。つまり、松尾先生は地雷を踏まずに上達する方法を知っている。松尾先生と一緒なら、ウィークエンドプレーヤーの危険な未来を救えるかもしれない。

プルルルルル……ガチャ。「はい、松尾です」

いつもの優しい声が、受話器の向こうから聞こえてきた。

さぁ、テニス上達法の真実を探る旅に出かけるとしよう。ウィークエンドプレーヤーの未来から地雷を取り除くために。

新装版　勝てる！　理系なテニス　目次

#2 理系なストローク

プロ選手のようなショットを習得するための原理

#3 理系なボレー

ボレーのウソ、ホント

#4 理系なサービス&スマッシュ

急がば回れ上達法

#5 理系なプラクティス

教科書には決して載らない魔法の練習

#1 理系なテニス

真実を知る勇気

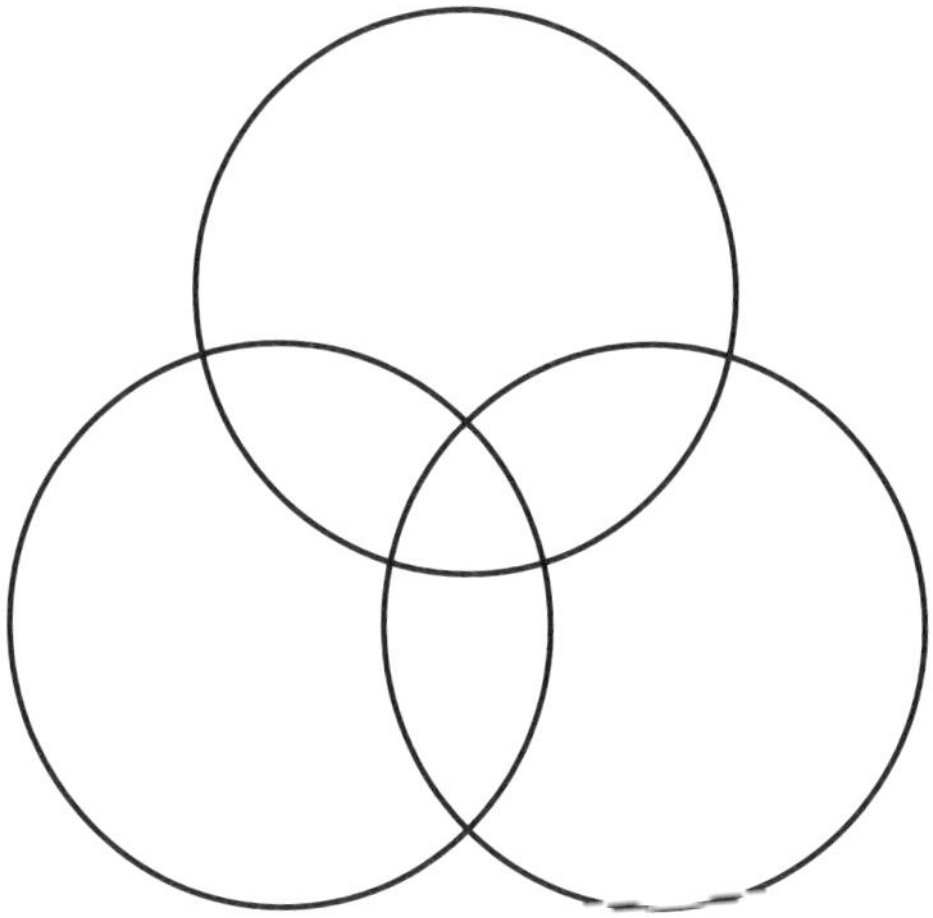

なぜサービスは「下から上に打つ」のか？

田中信弥

「サービスは下から上に向かって打つ！」というのが私の持論ですが、世間は逆で、「上から下に打ちつける」とイメージするプレーヤーが圧倒的に多くいます。もちろん、上から打ちたい気持ちは、痛いほどわかります。私も身長が166センチしかありませんので、少しでも高いところから打ちたくなる気持ちは、人一倍、理解できるのです。

ただ、**物理的にいえば、上から下に打つのは、まったくもって無理がある。**ネットの高さとサービスボックスの広さ、そして身長との関係性から解くと、不自然なほど打点を高く取らなければ、サービスボックスにボールが収まらないことがわかっているからです。

私はこのことを、20年前からずっと言い続けています。にもかかわらず、「何を言っているんだ？」と思われる風潮が根強い。だからこそ今回、理論物理学の専門家である松尾さんの見解を聞きたいと考えたのです。

ストロークも「上から下へ」は物理的に間違い

松尾衛

私は物理学者ですから、まずは自分がどうこう考える前に、徹底的に資料を集めて、調べて、テニスを研究しようと思いました。それでテニスのDVDを大量に買いあさり、50枚くらい買ったところで「お、結構いいな」と感じたものを見つけました。田中プロではない人のノウハウだったのですが。そのときテニスは3カ月くらいやって中級レベルになっていたので、やる気が湧いてきていた時期でした。DVDを見て、キャンプが3日間あるという話を聞きつけ、参加しました。

でも、研究や論文で忙しいのをいいことに、身体のケアを完全に怠《おこた》っていました。しかも、20年も。だから近所のテニススクールの体験レッスンでさえ、終わったあとは足をひきずって帰るくらい体力がなかったので、3日間も朝から晩まで練習するなんて耐えられるわけがない。そこで合宿までのあいだ、ジムに通ってパーソナルトレーナーをつけて身体を鍛え、3日間耐えられるようにすることを目標にしました。

それで、なんとか無事にキャンプを終えて、さらにもう少しなにかないのかと思って、またD

VDを買いあさり、80枚目くらいで田中プロに出会ったのです。書店でも『テニスは頭脳が9割』（東邦出版）を見つけて、「きたっ！」と思いました。

「テニスが頭脳」なら自分でもいけると思い、書籍も同時購入しました。そこで、「サービスは下から上に打つ。低い所で打つ」という言葉を見たのです。往年のプレーヤーが年老いて、もう肩が上がらなくなったら低い所で打つでしょ、という話をされていて、「おおお、確かに！」と思ったのを覚えています。そこから田中プロが主宰される『瞬間直し実践会』に入会することになったのです。

なぜ上から下へ打つのは間違いなのか。コートの比率から見てみましょう。

コートの広さを細かい数字で出すとややこしいので、ここではネットまでの距離が約12メートルとします。コートのちょうど半分のところにサービスラインがあって、さらにベースラインがある。ベースラインから直線を引いたところ、これがギリギリのラインになります。すごく単純に説明すると、打点の高さが約3メートルないと、上から下に打ちおろしてサービスをボックスに入れることはできないとわかります。

とはいえ、実は私も、最初に聞いたときには衝撃的でした、「あっ、下からでいいんだ！」と。そして、**上から打つために必要な打点の高さを概算すると約3メートルとなる。**田中プロの正しさを再認識した瞬間でした。

●サービスの打点

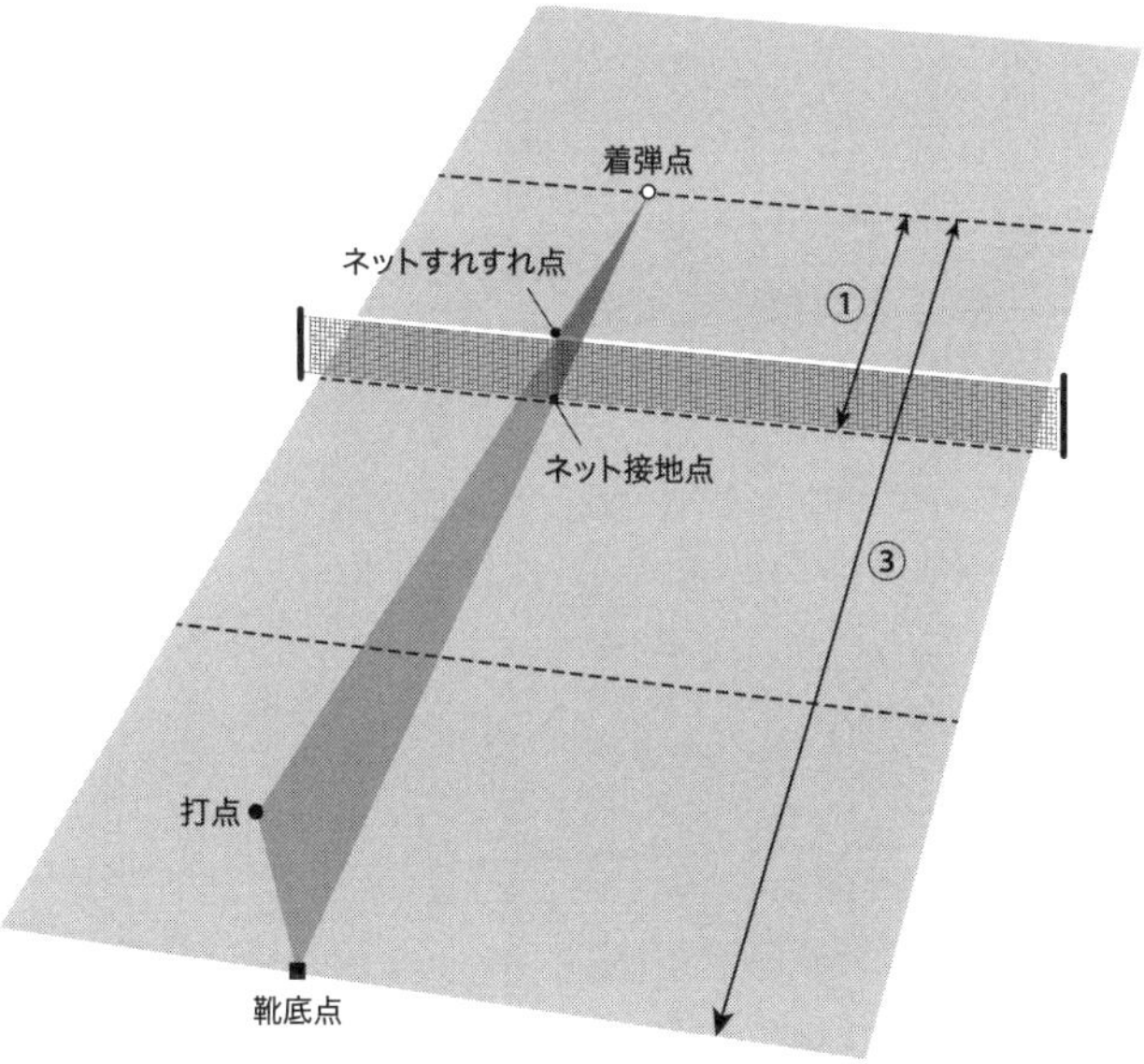

①小さな直角三角形

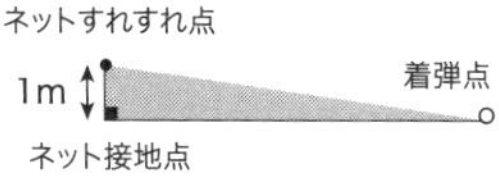

③大きな直角三角形

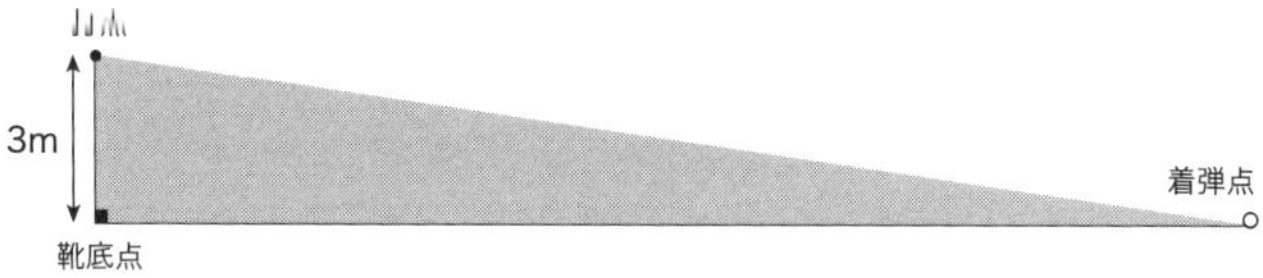

ストロークでも、自コートのベースラインから相手コートのベースライン近くに入れるには、2メートル程度の高さから打たないと、打ち下ろして入れることはできません。フラットに入らないのです。ところがストロークを2メートルの高さから打つのは、原理的に難しいですよね。だから私はテニスを再開した初期に、相手のコートにボールを入れるにはスピンをかけるしかないことを理解したのです。

もちろんこの概算は、重力、ボールの回転、空気抵抗といったさまざまな効果を無視したものですが、物理屋は〝ざっくりと捉える〟というのを頭の中でよくやります。「打ち下ろす」という感覚が得策ではないことを、私はこうやって納得しました。

中学生のときに「三角形の相似《そうじ》」というのを習いますよね。「相似なんて、なにに使うんだよ」と思っている方も多いと思いますが、テニスでしっかり役に立ちます（笑）。

ポイント

サービスもストロークも、「下から上に打つ」のが正しい。

●ストロークの打点

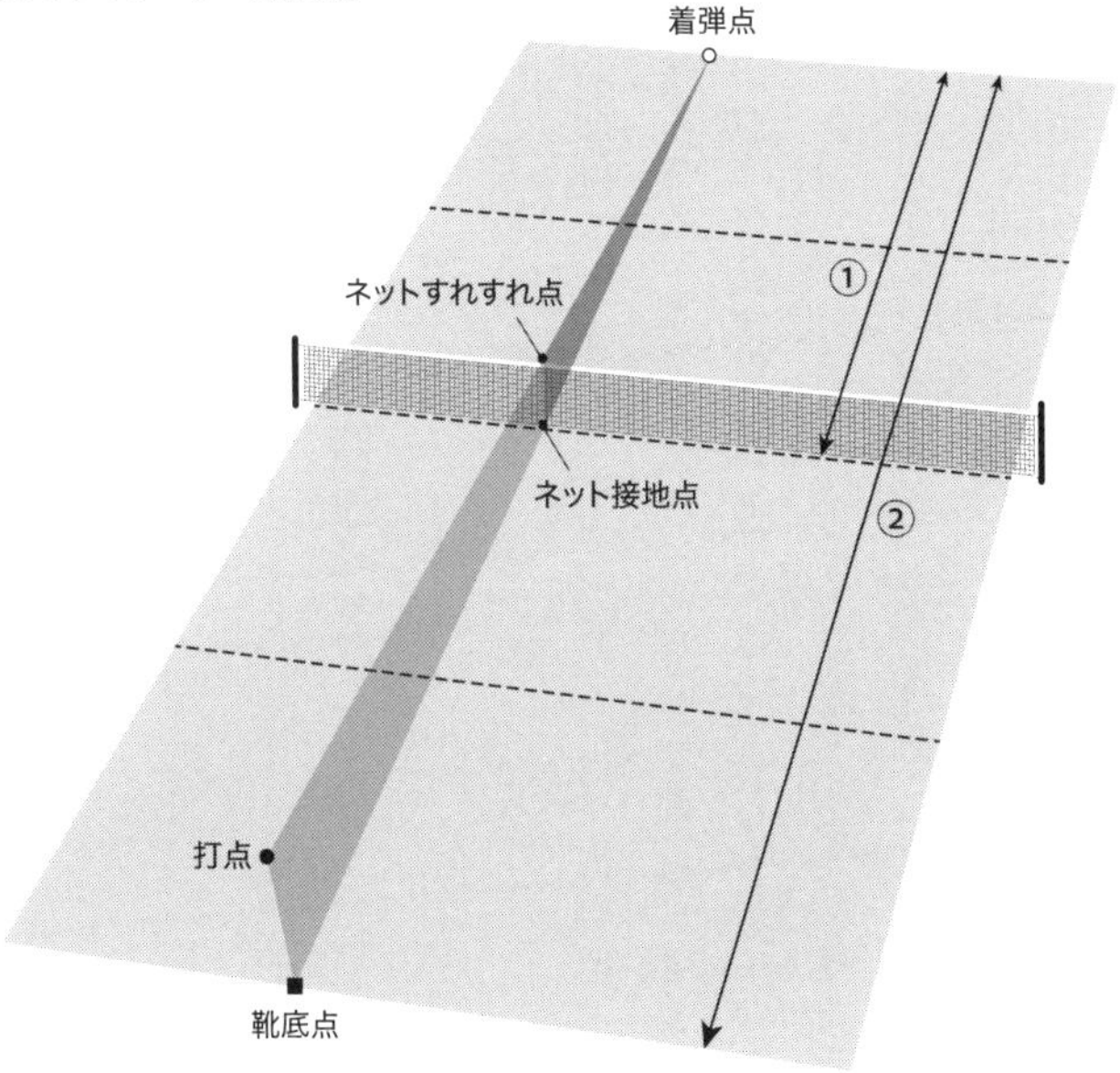

①小さな直角三角形

②大きな直角三角形

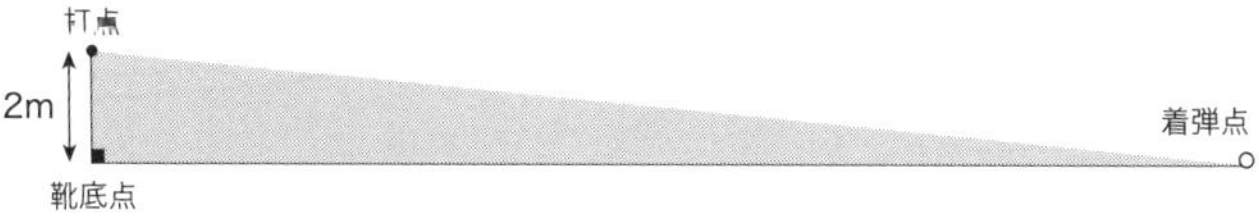

華麗な打ち方に変身する新たな方法

田中信弥

「運動連鎖《れんさ》」という理論がありますよね。あまり専門的になると理解が難しくなるので、テニスの世界におけるひとつの共通認識でお話しすると、「ひとつの関節の動きが、隣接する次の関節によどみなくつながる」ということになります。言い換えれば、華麗な連続動作を生み出すのが運動連鎖と言えるわけです。

ここからが問題で、「運動連鎖ができるのは、世界トップ選手など、ごく一部の人間」ということです。もちろん、できる人がいるからこそ理論が生まれたのであり、そこに異論を挟む余地はないのですが、教えられた人からすれば、できるか、できないか、が問題であり、できなければ「絵に描いた餅《もち》」的なアドバイスとなってしまうわけです。

そして、お恥ずかしい話ですが、私自身が絵に描いた餅。つまり、まったく運動連鎖がうまくできなかったのです。えぇ、華麗な連続動作、洗練された滑《なめ》らかな動きは、どれだけ理論を知っても、どれだけ練習してもできなかったのです。まぁ、プロテニスプレーヤーとしては、落ちこぼれ中の落ちこぼれだったわけです。

そのため、「運動連鎖がうまくいかないなら、ほかの上達方法をどうにか見つけ出さなければうまくなりようがない……」と、焦る気持ちが強くなりました。そこでたどり着いたひとつの手法が、〝身体の動きを止める〟という、運動連鎖とは真逆の発想でした。

普通、「動きは滑らかに連続動作で行ないましょう」と指導されます。「世界トップ選手がやっているのだから」と、運動連鎖を推す事例も多くあります。でも、私は逆。「世界トップ選手のような滑らかな連続動作ができれば理想的。でも、初めから実現するのは難しい。少なくとも、プロである私もできない。なら、初めは連続動作を目指さない。止められる限り、身体は止める。結果、大きなパワーを持つ体軸が止まれば、ダイナミックでなくても、華麗で洗練されていなくても、最低限きれいなフォームで安定したショットが打てる」と考えたのです。

これが正解でした。動きを止めれば止めるほど、うまく打てる自分が出現したのです。そして、指導するウィークエンドプレーヤーにも導入したら、大当たり。今までにないほど簡単に、ボールをうまく打てる方をたくさん生み出すことができたのです。

世界トップ選手が行なう運動連鎖に行きつくまでの一里塚。それが「身体を止める」という手法だったのです。考えれば当たり前のことだったのですが、錦織圭選手のような才能を持たない人が、ステップバイステップなしで、いきなり世界トップ選手が見せる滑らかな打ち方など体現できるはずなどなかったのです。

「動くもの」を極力減らすのが腕の見せどころ

松尾衛

これまでに、たくさんの方のＤＶＤや本を見てきたとお話ししましたが、他競技についても研究しました。買いあさった大量の教材を自分なりに共通点や相違点の観点から分類していくうちに、「この人の言っていることには一貫性がないな」と気付き始めるのです。ところが、田中プロの話はすべて一貫している。なので、「この人だけは信用できる」と思ったわけです。

それと、ほかのコーチの理論は「どう動かすか」がメインです。**田中プロは真逆で、「どう動かさないか」でした。**「足のここを止めてください」「腕のここを止めてください」といった感じで。これが実は、物理学に通じるのです。物理学者のプロか、プロでないかの境界線のひとつは、**複雑に動くものの中から「動かないものはなにか」を見つけること**だと思っています。もっと言うと、テニスはいろいろな部位が複雑に動いてはいるのですが、その中で意識的には止めたほうがうまく打てる身体の箇所がある。それを一貫して強調していたのは、私が知る限りでは田中プロだけです。

物理学者が、複雑な現象をどう捉えるか、それに似ていますね。いろいろな立場があっていいと思うのですが、理論物理学者は極力、動くもの、「パラメーター（やること）」を減らすのです。そして、どう減らすかが腕の見せどころです。

例えば、手首から先の動きを限定し単純化した途端、理論物理学の洗練された手法がたくさん使えるようになります。反対に、手首や肘を大きく動かしたり、単純化しないままに身体運動を解析したりすると、めちゃくちゃ複雑な式が出てくる。人間の手には追えなくて、コンピューターなどの力を借りることになります。そう、動きが複雑になればなるほど、頭では正解を出せない。なので、身体の動きをものすごく制限する。動きをものすごく単純にする。つまり、「どう動かすか」よりも「どう動かさないか」がうまくできたときに、「わかった！」と叫ぶ。動きを、2つか3つに限定したときに、「なにがいちばんよいのか？」を感じ、「わかった！」となるのです。

だから、巷で流行りの運動連鎖は、天才やセンスのいい人の上達法です。運動を連続で行ないながら正解を出すのは、ほとんどの人にとって難しいのです。運動連鎖は教科書的発想であり、現場からは遠い存在なのかもしれません。

となると、通常のテニスを教えている所では、物理学から見ると難しい上達法で教えていることになります。決して間違いではないのですが、多くの人にとって最短でうまくなる方法とは言えない。なので、私自身も、とにかく身体の動きを止めて、止めて、止めて、動かす箇所を限定して、わずかなパラメーターを動かすことで上達を促進させてきたのです。

木材を美しい曲面に削《けず》るとき、職人さんはカンナで上から下までズバッと一気に削ります。それで、きれいなリボンのような削りかすが出る。でも素人が、いきなりカンナで木材の上から下までズバッと削ったら？　ガタガタになるに決まっているのです。カンナを使い、美しい曲線を木材に出すには、それなりの年数がいる。いわゆるプロの技がなければダメなのです。

ウィークエンドプレーヤーが運動連鎖でテニスを上達させるのは、カンナで木材をきれいに削るようなものなのです。下半身から上半身までを、ズバッと一気にきれいに動かす。達人の動きです。これが、いかに難しいか、この大工さんを例に出すとわかりやすいのではないでしょうか。もちろん、両方使えるほうがいいのはわかっているのですが……。だからこそ、これだけ多くの方が、「なかなかうまくならない……」と悩み続けているわけです。

ウィークエンドプレーヤーは、ヤスリでちょこちょこ削る。木材の上から下までをズバッとカンナで削るのではなく、狭い１カ所に限定して、ちょこちょこ削る。ヤスリは本当に１カ所に限定して削りますからね。その削り方が板についてきたら、初めてカンナに挑戦してみる。このプロセスでテニスを上達させるのが、ウィークエンドプレーヤーには効果的だろうと考えます。

ミクロとマクロと対比されることがありますが、物理学者も「ヤスリをかける」のと「カンナをかける」のは、常に両極端のものとして並行して行ないます。同時進行でやるもので、どちらかが抜けるとダメ。少なくともテニスのメソッドは、カンナ側の理論が大半でした。**本来はカンナ理論とヤスリ理論がバランスよく相補的であるべき**なのですが。

もちろん、カンナで削るなと言っているわけではありません。理想の理論、教科書、バイブルは必要であり、そこを目指すことも大切です。でも、それ以上に大切なのが現実論。「現実的にできるかどうか?」ここが、最も大切なのです。すると、「まずは少しずつヤスリで削るかぁ……」と、小さく確実に結果が得られる方法が必要になる。それが、ヤスリ理論というわけですね。小さく確実に行なうので結果が出やすい。すると自信もつくので、「よしっ、今度はカンナで〝ドカッ〟と削ってみるか!」と理想にチャレンジしやすくなるわけです。

ポイント

小さくとも確実に効果が得られる方法を。まずは「身体を止めて打つ」こと。

テニスは不等式でできている

田中信弥

ちょっと大切な話をします。
多くの人は知りませんが、テニスは不等式でできています。

予測＞判断＞動き＞打ち方

「予測＞判断＞動き＞打ち方」という順番で、もちろん上から順に力が強いわけです。

我々は本能的に、ボールを打つことにいちばん興味を持ちます。「上達＝ボールをうまく打つこと」と、無意識に考えたりもします。ですが、我々がいちばん強く興味を抱く「打ち方」は、試合結果にいちばん影響力を持たないのです。「そんなバカな！　勝つためにいちばん必要なのは、ボールをうまく打つことだ」と、心の中で反論したかもしれません。

当然、ボールをうまく打つことは大切です。なので、疎《おろそ》かにしろという話ではないのですが、**仮に錦織選手と同じテクニックをあなたが手に入れても、「予測∨判断∨動き∨打ち方」の不等式を知らなければ、錦織選手と同じ戦績を叩き出すことはまったくもって不可能なのです。**

今から、それを証明します。話を理解してもらうために、極論で言いますよ。いいですか？

「実は、今のあなたの打ち方でも、あなたは錦織選手に勝てます。あなたの打ち方をうまくすることなく、不等式に習えば錦織選手に勝ってしまうのです」

この話をし出すと、聞いたウィークエンドプレーヤーの方は、大抵は笑います。そんなバカなことはありえないといった表情を、顔いっぱいに広げながら。そして、穏やかに言うのです。

「またまた田中さん、ご冗談を。フフフッ」

そこで、私は本題に入ります。

「錦織選手にお願いして、両足に100キロずつの重りをつけてもらってください。合計200キロ。たったそれだけで、あなたは100パーセント錦織選手に勝てます！」

おわかりですね。錦織選手は一歩も動けません。なので、あの世界最高峰のきれいな打ち方は、まったく役に立たなくなるのです。

あっ、と顔色が変わったウィークエンドプレーヤーに、私は続けて言います。

「錦織選手は一歩も動けない状態で、あなたが打つボールをどのように返球するのでしょう？

返球どころか、あなたが打つボールのそばに近づくことさえできません。なので、あなたの打つボールが、錦織選手のわずか1・5メートル横に飛んだだけでも彼は空振りする。あの世界最高峰の打ち方を見せながらも、あなたのショットに触ることさえできないのです」

ここでは話を見えやすくするために、極端なハンディキャップをつけました。ですが、本質はテニスの不等式の怖さを知ってもらいたいのです。対戦相手が錦織選手でなくても、足に重りを200キロつけなくても、同じ打ち方のレベルの選手がふたりいたら、動きのよいほうが勝つという事実を知ってもらいたいのです。

つまり、**「打ち方」よりも「動き」のほうが優先順位は高い。**動けなければ、いくら世界最高の打ち方をしていても宝の持ちぐされ。錦織選手が動けなければ、あなたが100パーセント勝つという話から、テニスの不等式の重要性を知ってもらいたいのです。

勝ちたければ予測&判断を鍛える

田中信弥

強いベテランプレーヤーの秘密

ただ、世の中、上には上がいるわけで、動きより力を持つのが「判断」と「予測」です。

相手が打ったボールを、いち早く「どこに飛んでくるか?」と察知する。これが判断力です。

テニスレベルをこれから発展させる人は、この判断が極めて遅い。早い人でも、ボールがネットを越えてきてから判断。遅い人になると、自コートでボールがバウンドするまで判断できない方もいます。


判断が早くなると、あなたはものすごい力を発揮できるようになります。例えば、相手が打ったすぐあとに、「あっ、ここに飛んでくるな!」と判断できれば、それこそ多少動きが遅くても、十分に補填《ほてん》できるほどの力を持てるのです。「ベテランの○○さんは、打つ所、打つ所に、先回りして待っている。もうお年で動けないのに、なぜか強い!」と、よく街のテニスクラブなどでこのような話を聞くことがあります。この摩訶不思議《まかふしぎ》な現象を起こすひとつの力が、判断力なのです。そう、ベテランテニスプレーヤーは相手を見ている、観察している。そのため、次のボールがどこに来るか、ほかの人より早く、早く、判断できるわけです。

判断材料は、たくさん転《ころ》がっています。例えば、相手の打ち方に癖《くせ》はないか、を判断する。癖があれば、ボールの飛んでくるコースはかなりわかります。ゴルフのスライスではありませんが、癖のとおりの方向にボールが飛ぶことは非常に多いからです。

ベテランの試合の決勝に進出するほどのプレーヤーが、「何回対戦しても勝てない人がいるのです」と、悩みを吐露《とろ》されます。本当に何度やっても勝てないので、あるとき対戦相手の方に「私のなにが悪いのでしょうか？」と質問したそうです。すると、「あなたの打つコースは全部わかります」と言われたそうです。「やはり、うまい人は予測・判断ができている」と、しみじみ思ったそうです。**どれだけ打ち方を洗練させても勝てない。どれだけ動く練習をしても勝てない。なぜなら相手は、常に先回りしてボールの所で待っているわけですから。**これほどテニスをやっていて、つらいことはありませんよね。

最強ツール「予測」のやり方①

そして、テニスの不等式の中でも最高レベルに強いのが「予測」です。サッカーや野球では、よく予測の話が出ますが、テニスも予測がなければ成り立たないスポーツです。

世界トップレベルのサービスは、時速200キロを超えます。このスピードは、人間の反応力では間に合わないことがわかっています。つまり、「予測∨判断∨動き∨打ち力」の下位3つでは、なんともできない。最上位の力を持つ予測なしでは、返球できない世界なのです。

ストロークも同じです。サービスよりスピードは落ちますし、ラリーボールなら予測なしで取れそうに思えますが、無理です。サービスに比べ、守るべきコートの広さが半端なく大きいからです。

そして、テニスがうまくなればなるほど、フォームには癖がなくなります。癖がないということは、フォームを見て、ボールの飛んでくるコースを判断するのは難しい。なので、テニスレベルが高くなればなるほど、絶対的に予測が必要となるのです。

では、予測はどのようにして行なうのか？　まずは、**自分のガットにボールが当たる感触、ここから予測が始まります。**この話をすると、かなりびっくりされます。「自分のガットにボールが当たったときに予測を開始する？　聞いたことがない」と。しかし、私たちは知らず知らずのうちに、ガットに当たった瞬間に予測をしているのです。信用できませんか？　では、実例を。

あなたはフレームショットを打つと、「やばい！」と無意識に感じるのではないでしょうか。なぜでしょう？　「ミスした……」「対戦相手にチャンスボールが行ってしまう……」などと感じるからです。そう、我々はすでに予測を使っているのです。そして、テニスレベルが上がれば上がるほど、普通のボールがガットに当たる感触にも敏感となり、徐々にすべてのボールに対して予測ができるように変わってくるのです。

フレームショットという極端に予測しやすいショットでなくとも、「あれ？　ちょっと当たりが悪い。これは次のボールは打たれるかも」と予測するようになるわけです。もちろん、逆もしかり。ガットに気持ちよくボールが当たったときは、「よし、いいボールが飛ぶぞ。これで次のボールを攻撃される可能性は低い」との予測が立てられます。

最強ツール「予測」のやり方②

予測法は、まだまだあります。ガットに当たるボールの感触の次は、ボール軌道。**あなたが打ったボールがネットを越え、対戦相手のコートにバウンドするまでの軌道。この軌道を見て、次のボールを予測するのです。**ネットを越える時点で、まだまだ上昇気流を描いているなら、基本的に深いボールが飛ぶ確率が高い。当然のことながら、攻撃される確率は低くなります。ですから、ネットを越えるときに上昇気流に乗った軌道をボールが見せたときは、１００パーセントではないにしろ、「よしっ、これで次に打ち込まれることはないな！」と予測できるわけです。

自分の打ったボール軌道を見ることで、相手プレーヤーがどう打ってきそうなのかを予測する方法。浅いボールになった場合、次のボールは攻撃されそうだと予想できるため、少し後ろに下がって構えておくなどの準備ができる

最強ツール「予測」のやり方③

3つ目の予測法は、ボールのバウンドです。あなたが打ったボールが、相手コートでバウンドする際、グンッと高く弾《はず》む。もしくは、ピュッと低くボールが滑《すべ》る。このふたつの現象を見て取れたら、「あっ、次に返球されるボールはチャンスかも……」と予測できます。想像以上に弾むボール、滑るボールは、究極に打ちにくいため、打ち損じる可能性が極めて高くなるからです。

野球のピッチャーでも、初速より終速が大事といわれますよね。テニスも同じで、打った瞬間のボールスピードが速いことより、バウンドしたあといかに急激に高く弾むか、いかにボールが伸びるか、いかに滑るか。ここで、次の相手からの返球の質が大きく決まるわけです。

そのため、打ったボールの弾み方は、注視しておいて損はありません。半面、あなたが打つとき、グンッと弾む、ピュッと滑るボールに遭遇したときは、細心の注意を払って返球しないと、高い確率で次のボールを攻撃される憂《う》き目に遭うことも覚えておいてください。

まだまだ予測法はたくさんあります。しかし、まずはガットに当たるボールの感触、ボール軌道、ボールの弾み方の3つの予測法を徹底的に練習する。ここから始めてください。

予測と判断のふたつが噛み合うと……

なるべく早く、相手が打つボールがどこに来るかを判断する。最低でも対戦相手のボールがネットを越えてくる前。慣れてきたら、相手が打った直後。ここで、飛んでくるコースや回転などを判断できれば、かなり余裕を持って対処できるようになり、ミスも確実に減るでしょう。

テニスは、対戦相手の打つボールがどこに来るかがわかれば、早くボールの所に向かうことができます。すると、打つ前に余裕ができる。余裕があれば、正確なショットが打ちやすい。正確なショットは、対戦相手を苦しめます。対戦相手からの返球が、だんだん弱々しくなるのです。そして、このプロセスを繰り返していくと、最後にはチャンスボールが来るようになるわけです。

テニスには、支配する側と支配される側しかいません。なので、あなたが余裕を持って正確なショットを打つなら、明らかに支配する側に立つわけです。チャンスは劇的に増え、ポイント取得率は大幅にアップ。勝利が勝手に向こうから寄ってくるプロセスを生み出すことに成功する、といっても過言ではないのです。

言うなれば、予測と判断の組み合わせは、余裕の前倒しを手に入れる戦術です。そして、これができるプレーヤーこそがテニスの達人となる。そのために、「予測∨判断∨動き∨打ち方」の不等式を強く意識して練習に励むことが絶対的に必要なのです。

最後に、普段の練習で行なってほしい、4つの自分への問いかけをお伝えしておきます。

1. 今ミスしたのは、予測ができなかったから？
2. それとも判断ミス？
3. ボールに向かうのが遅かったのか？
4. 打ち方が悪い？

ミスをしたら、常にこの4つを問いかけてください。

多くのウィークエンドプレーヤーは、「あぁ、打ち方が悪かった……」「動けなかった……」と、「予測＞判断＞動き＞打ち方」の下位ふたつにミスの原因を求めます。そこに、上位ふたつの「予測＆判断」を入れる。ミスの原因究明に、予測ができていなかったから、判断が遅かったから、をプラスする。**このふたつを付け加えるだけで、今までのテニス観とはまったく違う世界を覗《のぞ》き見ることができると思います。**

数字から見る予測&判断の重要性

松尾衛

「テニスの不等式」の話は、すごく衝撃でした。これこそが、知りたかったことです。とくに予測の話。これは、すごい話が聞けました。普通、予測というと、相手の情報から導き出そうとしますよね。それが、まさか自分の打つときから予測が始まるなんて、今まで聞いたこともありませんでした。

この予測と判断の訓練を週に一度、半年でも続ければかなり違いが出てくるように思えます。スクールではゲーム練習が最後のほうに少しだけあるので、そこで試したいですね。自分の当たりが「気持ちいい」から、とりあえず2歩くらい前に出ていこうか、とか。ボールがどう飛ぶかはともかく、気持ちよかったからとりあえず前に出とけ。それだけでだいぶ雰囲気が変わるように思えます。そうすると自然と足が動いているものですよね。

気持ちいい、悪いというのはかなり根源的なものです。それに合わせて足を2、3歩連動させるというのは、うまくいけばものすごい武器になる。まったく無意識レベルで動くようになるといいですよね。

私が出場した市民大会にも、田中プロが話すようなベテランプレーヤーがいました。50代で、もうそれほど動きも速くないのに、なぜか相手の打つ所、打つ所にいるのです。初め見たときは「なんでかなぁ?」と理由がわからなかったのですが、いま思えば、まさに予測力と判断力に長けていたのですね。

上達＝試合に勝ちたい、ということになると、ただ打ち方がうまくなるだけでは、原理的に無理だと感じていたのです。

この予測と判断について、数値的な面から見てみたいと思います。

コートサイズを単純化するために、自コートと相手コートを1：1の比率で考えます。

時速100キロ前後のボールを例にすると、時速100キロで動く物体は、1秒間に約30メートル動きます。テニスコートのタテの長さは約24メートル。すると、ある程度のスピードを有したボールであれば、ベースラインからベースラインを約1秒で飛ぶわけです。では、1秒のあいだに自分はどれだけ移動できるのか?

足のピッチ（回転）は1秒間に4〜5回転。背が高い人、足の長い人、そうではない人、みんなだいたい同じです。すると、1回転あたり約1メートル分、足は動くので、1秒間に4〜5メートルしか移動できない計算となるわけです。

テニスコートのヨコ幅は約10メートル。ということは、**予測・判断がなければ、ストロークであってもすべてのボールを動きだけで処理することは不可能だとわかります。**

そして、テニスの場合、ボールの所まで動けば終わりではない。打つ準備が必要。なので、対戦相手からボールが飛んでくる1秒間に、移動だけでなく、打つ準備をしておくことが求められる。これだけで、予測・判断が機能していなければ、ボールを自由自在に操り、対戦相手を追い詰めることなどできないことがわかるわけです。

実はコートのタテ幅のほうが長いのですが、プレーしているとヨコ幅のほうが長く感じるものです。私の場合はそもそも不摂生だったので、コートの端までも無理しなければ移動できないくらいでしたから、もちろん鍛えなければいけなかった。それができるレベルになったとき、拾える量が増えてくる。ところが、そのときは予測も判断もなにもなくて、ただ反応するだけです。飛んできたボールに対して一生懸命なだけでした。

走る速さ、動きの速さは、練習すれば爆発的に伸びるものではありません。オリンピックの100メートル走を見てもわかるとおり、死に物狂いのトレーニングを何年も積んだとしても、コンマ数秒速くなるか、ならないかの世界です。ということは、明らかに動きの速さではなく、ボールの打点位置に早く到達する方法が必要であることがわかります。

世界のトッププレーヤーが、なぜあれほど簡単にボールを打てるのか？　予測して判断して動き、常にボールに対して先回りをしているからなのですね。想定外の厳しいボールや、対戦相手にチャンスボールを与えてしまったとき以外は、いつも目の前に出された球出しボールを打つような余裕があって、だからミスが少ないのです。

相手の癖を知って読むというのは、なんとなくわかる範囲にあります。ストレートのほうに7割くらい張っておこうかな、とか。ところが衝撃だったのが、予測が自分の打った感触のところから始まっていることです。これまでの練習や試合では、自分が打った瞬間の脳みそは思考停止状態。ただ一生懸命に打って、「ボールがうまく飛んだなぁ」くらい。ですから今回、自分がボールを打つときから対戦相手が打つときまで、やるべき優先順位が見えた気がします。

テニスはよく、「足ニス」といわれます。ですが、行き先がわからないのに足は動かせない。どうやって行き先を決めるのかが知りたいわけです。行き先が読めていれば、多少緩慢な動きでも間に合うわけですからね。むやみに足を動かせば、無駄な体力を使うだけです。だから、判断と予測で、正確に目的地を特定する。そのあとで足を動かす。順番が逆だとわかりました。

うまくなる人、ならない人

田中信弥

予測や判断の世界は、顕在化《けんざいか》されていません。そして、頭の中の作業なので体感しづらい。ですから、「動け！」とコーチに言われて一生懸命に動く練習を続けると、「動くからこそボールが取れる！」という認識になるのです。もちろん、そのとおりで、動くからこそボールは取れるわけですが、それがすべてではない。とくにテニスレベルが高くなればなるほど、**動きだけですべてのボールを取れるほど甘い世界は存在しなくなる。無意識下で予測・判断を使っていたからこそボールが取れた、という奥の世界が幅を利《き》かせ出すわけです。**テニスセンスのある方は、自分でも気付かないうちに、予測・判断を使ってプレーしています。それを誰もがやれるように、練習に組み入れてシステム化する。これができれば、より多くの優秀なテニスプレーヤーが出現することになるでしょう。

錦織選手は、対戦相手を観察するのが小さい頃からうまかった。つまり、予測や判断を無意識に使っていたのです。だからこそ、ボールの威力がそれほどなくても、身体が小さくても、試合に勝てたのです。現在の彼を見ると、どうしてもあの迫力のある打ち方、気持ちのいいエースなどに目が奪われます。が、その奥に、予測・判断もずば抜けているという事実が隠されているわけです。

ジュニア選手の話となりますが、いくらボールを打つ才能があっても、「この子は将来、伸びないかもなぁ……」と、心配になる子がいます。そういう子に共通するのは、予測・判断が苦手だということ。ボールを打つ才能に任せ、ガンガン打つだけ。なので、テニスの奥深さに触れない幼少期にはトップの戦績を出すけれども、だんだんと成績が落ちてくる。すると、テニスが面白くなくなり、やめてしまうこともある。非常にもったいないことです。

世界ランキング最高47位までになった添田豪選手。彼が14歳のときに、日本代表コーチとして指導したことがあります。当時16歳以下の日本ナンバー2だったと記憶しています。そこで驚いたのが、「なんじゃこりゃ？」というほど、テニスをわかっている。私が25歳すぎに気付き出し、現役引退後、死に物狂いで勉強した予測・判断を、若干14歳ですでに体現できている。「これは世界に行くな！」と直感的にわかりました。

ジュニアにありがちな、バンバン、ガンガン、なんでもかんでも強くボールをひっぱたく姿をみじんも見せない。対戦相手を見て、予測・判断を行ない、適切なショットを、適切なスピードで打つ。

そんな彼は世界で活躍し、オリンピックに錦織選手と共に出場しました。

こういう話をすると、「それは世界を目指す選手だからできることですよね？」と言われる方がいます。違います。予測・判断という世界の存在に、気付いているか？　いないか？　気付いているなら、使っているのか？　いないのか？　たった、これだけの話です。その証拠に、年配の達人ウィークエンドプレーヤーの例も挙げましたし、私自身も年齢を重ねれば重ねるほど、予測・判断がうまく機能し、プレーの余裕度が格段に上がっているのを肌で感じています。

重要なことは、ウィークエンドプレーヤーの99パーセントは、予測・判断の世界に積極的に触れていないという事実。これは、本当にもったいない。完璧でなくてもまったく構わないので、少し手をつけ、その違いを体験してもらいたいと考えています。

正直なところ、**80歳のウィークエンドプレーヤーの方でもできます**。感じる、見る、という作業が圧倒的に多いテクニックだからです。そして、年齢が上がれば上がるほど生きるテクニックでもありますので、テニスの不等式「予測＞判断＞動き＞打ち方」を理解し、もうひと花もふた花も咲かせてもらえればと思います。

レベルアップのために最優先事項を決める

松尾衛

「予測＞判断＞動き＞打ち方」という4つの分類は、今までのテニス教材にはなかったものです。これで頭の中がすっきりし、やるべき優先順位もわかり、かなり救われる人が出てくると思います。もちろん、私もそのひとりです。

うまくなるとか、ミスをしなくなるというのは、なにが要因となっているかがわからないと対策の練《ね》りようがありません。多くの場合、原因がわからない。「ファクター（要因）」が多すぎて、結局どこに向けばいいのかわからない。原因を分類する判断基準も世の中にあまり出回っていないので、わからないから、結局、身体を鍛えることになる……。走力を上げるとか、腕力を鍛えるとか。もちろん、そこの部分では数カ月前の自分には圧勝できるようになるので、それはそれでとても重要ですけれど、まったく別のレベル、段階にチャレンジするには、筋力アップするだけでは難しい。

自分と近いレベルの階層内だけであれば、筋力とか走り込みである程度、逆転可能だと思います。でも、レベルの離れた階層間、例えば中級者と上級者という階層間の場合、筋力や走力のトレーニングを積み重ねるだけでは逆転不可能だと思います。あと、世界トップ選手同士でも、みんな筋力や走力も桁《けた》違いに持っている。その中で、なにが勝敗を分けるのか？　大きな要因のひとつが、予測・判断となるわけですね。

このようにしてファクターを絞って、原因がわかると前進できそうですね。いきなりすべてを連動させるには、誰にでも限界がありますから。

ポイント

「予測＞判断＞動き＞打ち方」を理解・実践すれば、あなたのテニスは確実にレベルアップする。

勝負は頭の中で決まる

田中信弥

昔、伊達公子《だてきみこ》さんと全日本学生チャンピオンが横並びのコートで練習していたことがありました。そして偶然、ふたりともバックハンドのクロスコート打ちを練習し始めたのです。世界4位と日本学生チャンピオンとの違いを、つぶさに比較できる機会です。

驚かれるかもしれませんが、ボールのスピードは全日本学生チャンピオンのほうが圧倒的に速いのです。世界4位の伊達さんのほうが、明らかに遅い。ところがです。ボールスピードでは大差で負ける伊達さんですが、頭の使い方では格の違いを見せつけます。単なるバックハンドのクロスコート練習と思うことなかれ。なんと彼女は、半面クロスコート打ちの中で、見事に試合をしていたのです。

1球目を、ベースライン深くに打つ。次の返球が、それほどすごいものではないことを察知した彼女は、すかさずコートの中に1~2歩入り、高い打点のバックハンドクロスで角度をつけて打つ。続いて、コートの外に走ってボールを追いに行く練習パートナーを見て、今度はセンター付近にエース級のボールをお見舞いしたのです。

横に目を移し、全日本学生チャンピオンのバックハンドクロスの練習を見ると、バコン、ボコン、バシン。ものすごい打球音を響かせ、ひたすらボールをひっぱたいています。そのボールは確かにすごく、コートの後ろから見ていたテニスファンの数人が、「あれっ？ 世界4位より、全日本学生チャンピオンのほうがうまいのでは？」と、勘違い発言をしていたほどです。でも、もしこのふたりが対戦したら……。

伊達さんは、テニスが頭のスポーツであることを知っていたのです。

では、ウィークエンドプレーヤーが伊達さんのように頭を使うテニスをするには、いったいどうすればいいのか？ 彼女のような経験も才能もないなか、クレバーなテニスを展開するには？ 試合を見るのです。できるだけたくさんの試合を見る。本来は、松尾さんが言うように、自らの体験で経験値を積み上げ、伊達さんのようになっていきます。ですが、ウィークエンドプレーヤーには、そんな時間はありません。なので、疑似体験。自分が試合をできないから、他人の試合で経験を積むのです。

これは、かなり効果的な手法です。テニスの経験値がある私でさえ、子どもの頃はとにかくテレビで放映される試合は全部録画（昔はユーチューブなどありませんでしたから）。そして、VHSのテープ（なっ、懐《なつ》かしいぃ～）が擦り切れるまで見る。その中で、数えきれないほどのパターンを学び、コートに出ては試し、テニス脳を鍛えてきました。

いま思えば、試合を見るのが嫌いなジュニア仲間は、やはりプロになれないことが多かったように思います。自分の試合から学ぶのはもちろん、他人の試合からも学ぶ。これができるかできないかで、頭を深く使うテニスができるようになるか？　ボールを打つ楽しさだけでテニスを終わらせることになるか？　ここに大きな違いが表れるようです。

ポイント

他人の試合をたくさん見ることで、疑似試合体験ができる。するど、テニス脳は数倍早く鍛え上げられる。

客観的判断によって頭が使える

松尾衛

確かに市民大会を見ていても、上位の人は試合をよく見ています。時には、仲間同士で集まり、あーでもない、こーでもないと、他人の試合を分析し合っています。おそらく、自分が試合をするだけでなく、他人の試合をたくさん見ることで、より経験値を上げているのでしょうね。

そして、ボールを打った感触で頭を使う。これは、とても新鮮でした。私も、当たりがよかろうが悪かろうが、ぼーっと相手コートを眺めるだけのことが多いです。反省ですね。**予測・判断という観点が欠けているので、頭脳を使っていない、空白の時間が多発してしまう**のだと思いました。私は単純なので、「ボールを打った感触の良し悪しという『主観的判断』でポジションを1～2歩前後させる」を頭で考え実践したいと思いましたが、そこに〝ネットの高さ〟という「客観的判断」が加わると、より頭を使うことになります。

こうやってひとつひとつ頭を使う訓練をしていくと、今までのテニスの取り組み方とはまったく違うものになり、ゆえに同じ練習をしている人よりも、1歩も2歩も先に行けますね。

予測を鍛える練習法

田中信弥

スマッシュ練習で予測を鍛える

予測・判断は、ある意味、ワープテクニックです。テクニックを変えず、動きの速さを変えずとも、テニスレベルを著しく上げることができる。とくに、今までまったくといっていいほど予測・判断を使っていないウィークエンドプレーヤーが手に入れれば、まさに魔法の杖《つえ》となる可能性もあるのです。

ただ、魔法の杖を手に入れるには、練習が必要です。そこで、ここでは、私が子どもの頃に使っていた、予測・判断を鍛えるための練習法のひとつをご紹介します。読んでもらうとわかりますが、実はこの練習法、「予測・判断の練習になっていたのだ！」と、あとになって気付きました。

やり方は簡単。あなたがロブを上げ、練習相手にはスマッシュを決めてもらう。これだけです。

子どもの頃の私は、そのスマッシュを決められるのが、どうしても我慢ならなかった。「なんで、わざわざ決められるのを待っていなければならないのだ？」と思い、「どっちみち決められるなら、当てずっぽうで動き、スマッシュ返ししてやる！」と、気持ちが高ぶりました。そこで、ロブを上げた瞬間、ダッダッダッとコートの左右どちらかに勘《かん》で動くことを始めたのです。

もちろん、初めはまったく当たりません。外れてばかり。でも、もともと決められるのが当たり前。なので、気にせず続けました。すると、あるとき見えるようになってきたのです。相手のスマッシュを打つコースが。神のお告げのように。「あっちに向かいなさい」と。そう、予測と判断ができ始め、かなりの高確率で打ってくる方向がわかるようになったのです。

子どもですから、予測が当たると本当にうれしい。トランプの神経衰弱でカードナンバーを見事に一致させたときのようにうれしい。時にうまく打ち返すことができ、〝スマッシュ返し〟に成功したときは、ナンバー一致に連続で成功したときのような興奮を覚えました。こうして、どんどん予測・判断の世界を好きになっていったのです。

ロブの上げ具合、相手の打ち方の癖から、飛んでくるコースを予測。これが見事にはまり、返球率が上がっていくのは、何物にも代えがたいうれしさにつながりました。

スマッシュを打たせる練習は、ロブを上げるので時間的に余裕がある。なので、予測の初期練習にはもってこいです。ぜひ、遊び感覚で試してください。

ウィークエンドプレーヤーはクロスにボールを打てない？

ここでは番外編として、最も簡単で、ウィークエンドプレーヤーが今すぐ使える予測&判断法をご紹介します。

ウィークエンドプレーヤーは、よほどの上級レベルでない限り、基本的にクロスコートにボールを打てません。このように言うと、「田中さん、バカにしていますよ！」と怒りの反論があるかもしれません。私は毎日のようにクロスコートにボールを打っていますが？　本当です。確かにクロスコートには、誰もが打ちます。でも、本物ではない。本物のクロスコートショットを打てる人とは、ロジャー・フェデラー選手、ナダル選手、錦織圭《にしこりけい》選手などのように、何球も連続でサービスボックスの中に、スピンの利いたスーパーアングルショットを打ち続けられる人を指すからです。

もちろん、全員とは言いませんが……面をクロスに向ける、身体をクロスに向ける、経験値で頑張ってクロスに飛ばす。これが、大多数のウィークエンドプレーヤーのクロスコートショットなのです。ただし、これはある意味、仕方がないです。先ほども言ったように、正しいクロスコートショットを打てる人は、プロか、一部のセミプロしかいないのが現状だからです。

では、なぜ本物のクロスコートショットは、それほど打つのが難しいのか？　正しい身体の円運動、その円運動に沿った正しい円スイングができないからです。できないと、どんなクロスコートショットとなるのか？　自分の意に反し、ボールがコート真ん中に寄ろう、寄ろうとするクロスコートショットになるのです。円運動がいびつなため、頑張ってクロスに飛ばそうとしても、どうしてもコートセンターに寄っていってしまうのです。

となると……あなたの対戦相手が打つクロスコートショットは、それほど怖いものではなくなります。クロスコートショット最大の怖さである「角度」が、それほどつかないボールしか飛んでこないからです（もちろん〝面合わせの妙〟などで、時に角度のついたクロスコートショットが飛んでくるかもしれません。ですが、一試合中、打ち続けられる再現性はないのです）。なので、基本、クロスはそれほどケアしない。「ウィークエンドプレーヤーとの対戦は、コート真ん中からストレートをケア」。これが、予測&判断法から導き出した結論ということになります。

当然、例外もあるでしょう。ですが、例外を怖がっていたら、予測・判断などできません。怖がるべきは、どっちつかずの対応。テニスコートは広く、ボールは速い。すべてのボールを取ろうとすること自体が愚の骨頂。この原則を肝に銘じてほしいのです。

それでも、不安は残るでしょう。「もし、予測が外れたら？」と。

そのときは、対応するだけです。ここで初めて、「予測∨判断∨動き∨打ち方」の中の「動き」が注目されるわけです。予測や判断が外れたら、もはや対応するしかない。緊急事態。なので、動く。ただただ、動く。速く動いて対応する。動きや反応の出番なわけです。

一例を挙げれば、あなたがよいボールを打ちます。「よしっ！」と思い、ベースラインの中に1歩入り、次のボールに備えます。チャンスボールが来ると予測したからです。でも実際は、対戦相手がうまくクリア。浅いボールが来るどころか、深いボールを打ち返してきました。そうしたら？「あ、予測・判断が外れた！」と、急いでベースラインの中から動いて下がり、深いボールに対応するというわけです。

対人スポーツですから、予測・判断は当然、外れることがあります。ですから大事なことは、**予測・判断を怖がらないこと。1度や2度、いえ、3度、4度と予測・判断が外れたくらいで、やめないこと。**これが極めて大切です。慣れないうちは、すべてがうまくいくわけではありません。ですが、子どもの頃の私のスマッシュ返し練習のように、予測すればするほど精度は着実に上がるのです。

ポイント

予測&判断は、やればやるほど正確性が増す。間違いや失敗を恐れないのがコツ。

未知の問題は「予測する前」にやらない

松尾衛

「当てずっぽう」が重要です。当てずっぽうを繰り返すほど、予測や判断が磨かれるからです。直感と経験が噛み合うというのでしょうか。でも、当てずっぽうという言葉にネガティブなイメージがあるのがもったいないですね。ミスをすると怒られる、そのような心理が働くために、予測・判断の経験値を育《はぐく》む機会を逸《いっ》しているわけですから。

当てずっぽうを試す格好の場は、テニススクールのゲーム練習でのリターンだと思います。リターンは、ただでさえ失敗することが多いので、当てずっぽうを使うには最適です。強いサービスを打つ人が相手だったら、返せないのは当たり前ですし、リターンが浮いたらバコンとボレーを打たれるのが普通だから、目いっぱい当てずっぽうを使って会心の一撃リターンを狙うのです。

そもそも、我々のようなウィークエンドプレーヤーには、ロブが上がったらチャンス、という概念は少ないかもしれません。ロブを上げても相手がミスする可能性が高いからです。実際、私がロブを上げると、だいたいミスします。ストロークに比べてスマッシュの練習時間は少ないものなので、ロブを上げた瞬間に予測・判断の前に「ミスしてくれないかな」と思っているわけです。予測とは対極にある……期待をしちゃうわけです（笑）。

あとは「ボールのキレが悪ければ、それほどケアしなくても取れる」と知っているだけでも違いますね。「コートの真ん中からストレートに大半のボールは飛んでくる」と考えながら試合をするだけでも、かなり試合結果が違ってくるのではないでしょうか。

そういえば、私が大学生のときに使った物理学の問題集に同じようなことが書かれていました。宇宙にはブラックホールがありますが、その名前をつけたのは、指導者としても優秀だったジョン・ホイーラーという物理学者です。その彼が書いた問題集に、「予想する前に解《と》くな」と大原則が書かれているのです。予想をする前に計算を始めるな、ということですよね。

よく受験勉強は、考える前に手を動かせといわれます。それは答えが決まっている問題だからです。でも、我々研究者は未知の問題を解かなければいけない。そういうものにどうアタックしていくか、そもそもどう手を動かしていいのかわからないわけです。なので、当てずっぽうでいいので「予測しよう」と試みるのが大切。そうしているうちに、その対象を簡略化させるとか、極端な例を考えてみるといった経験を積みながら徐々に予測が噛み合ってきて、一年に1回あるかないかの「あ、わかった！」といった発見に行き着くのです。

テニスも同じなのだ、と思いました。「予測する前に動くな」「予測する前に打つな」ということですね。そうすることで、経験と予測が噛み合ってくるのでしょう。

簡単！　データテニスで勝つ方法

田中信弥

試合前には、「大勝ち」と「大負け」を想像してください。自分の大勝ちパターンはなにか？　大負けパターンはなにか？　これを知っておくということです。

例えばサービスが強いのであれば、「ファーストサービスが入れば8割はポイントが取れる。するとサービスキープは楽々できる。それなら、リターンゲームでは思いきった攻めも……うまくはまれば大勝ちだ！」という感じで、大勝を想像します。

反対に大負けパターンは、「サービスが入らない……とくにファーストサービスが入らず、セカンドサービスを攻められる。ブレークされる。リターンゲームで挽回を図るが、得意な勝ちパターンではないので、借りてきた猫のようなプレーしかできない。うまくいかない。なにもかもうまくいかない。ボロボロ、大敗だ……」という感じです。

もちろん実際の試合は、大勝ち、大負けばかりではなく、その中間に収まることが多いわけです。ただ、こうして大まかであっても、両極端をデータとして取り込んでおくと、そこから足したり引いたりすることで、だいたいの試合パターンを想定することができるようになるわけです。

よくあるパターンのひとつが、次のようなものです。

「得意のサービスは調子いいが、敵もさる者、それほど簡単にブレークはさせてくれない。5対4までサービスキープが続き、1ゲームリードで相手のサービスゲームを迎えた。そして、最後の最後にプレッシャーを感じた相手が凡ミスを連発し、結局、6対4で勝てた」

いかがでしょう。決して大勝ではありませんが、よくよく中身を分析すると、サービスキープはしっかりとしている。得意なサービスは存分に生かしている。大勝できなかったのは、相手サービスゲームを簡単にブレークできなかったから。なら、上々か。このような感じで、スコア的には接戦でも、やるべきことができた戦いではあったので、大勝に近いという分析となるわけです（ちなみに世界トップ選手の戦いは、このパターンが多いです）。

テニスは、すべてのポイントを取らなくても勝てるスポーツです。なので、全体像を見ること。全体で判断すること。大まかでいいのでデータ化すること。これらを行なうことが、勝ちにつながりやすくなります。逆に言うと、1ポイントで起こったことや、ひとつのショットに一喜一憂しないことが極めて大切なのです。

よく聞く悩みのひとつに、「バコバコに打ち込まれて負けました。なにもできませんでした」というものがあります。普通に聞くと、「そうかぁ、厳しい対戦相手だったね」で終わりです。でも、冷静に考えるとおかしいことに気がつきます。そもそも、**ウィークエンドプレーヤーの試**

合で、バコバコに打ち込まれて負けるなんてありえない。対戦相手が、ナダル選手やフェデラー選手、錦織選手ならわかります。でも、実際は同等レベルのウィークエンドプレーヤーが相手。するとバコバコに打ち込まれて負けることなど、ありえないことがわかります。でも、本人はバコバコに打たれて負けたと言い張る。果たしてその背景にある真実とは？

錯覚です。数本しか決められていないのに、数十本も決められたように感じている。一種のパニック状態。冷静さを欠いたときの人間は、このような錯覚、間違いを、平気で事実と認識することがわかっています。本人は冷静に判断しているように思えても、実際は違うのです。ショックを受けたりパニックを起こしたりすると、動物脳（感情脳＝大脳辺縁系）と爬虫類脳（生命脳＝小脳）が活発に働き出し、人間脳（理性脳＝大脳新皮質）の働きを極端に弱めます。なので、本人だけが冷静なつもりで、周りから見ればまったくもって冷静ではない。そのまま試合を続け、途中でまたバコッと打たれると、「うわぁ～、打たれまくってる……」と錯覚するわけです。

この話が本当かどうか、自分にも当てはまるのか？　そう思った方に、おすすめの方法があります。自分の試合をビデオ撮影してください。そして、本数を調べます。「本当にバコバコに決められたのは、一試合を通して何本あったのか？」と。私の知る限りでは……かなり低い数字になるでしょう。

テニスは統計学で勝てる

松尾衛

「テニスは、6割のポイントを取れば勝てる！」といわれますよね。ですから、ひとつずつのショットの結果は、そこまで重要ではない。試合全体を、記憶だけでデータ保持するのは相当に大変だと思います。

私は職業柄、データの収集と分析が大好きなので、カメラで撮影して、この場面でミスして、こうやってポイントが取れて……と分析します。こうした分析を行なうと、記憶だけで分析したときとは印象がガラッと変わります。**人は感情の動物なので、どうしても派手なショットに心が揺さぶられ、記憶に残りやすい。ですから、正しい確率・統計的な判断は、じっくり映像分析したほうがいいのです。**

同じことは対戦相手にも言えて、映像分析で相手を研究して癖をつかめば、やっぱり試合に生かせます。私にも、自分の負け試合を見続けて、ついに上級クラスの方にリベンジできた経験があります。

そうなると、対戦相手の、どこの癖を見抜いておいたほうがいいのか？　これがマニュアル化されていると楽だなと思います。そもそも、どこを見ていいのかがわからない。いちばん難しいのがそこで、どういう観点で分析し、相手の癖をタイプ別に分類するのか。例えば、「サービスなら、ここを見ろ」というのがあるといいですね。相手のサービスなら、どこを見れば正確な予測・判断ができるのか、という部分です。

元プロ野球選手の古田敦也さんが、野球の見方の本を出していました。どういうところをプロ選手がこだわっているのか、がわかる本でした。フェデラーの試合などをユーチューブで見られるので、ここを見たら面白いし、そこの観点で見ていると普段のスクールでも牛かせるよ、というアドバイスがあるといいなと感じます。そうすると自然と癖の見抜き方とかのヒントにもなりますし、エース以外のショットも割合を占めていることがわかりますし、傾向とか確率・統計的なものがプレーヤーの中に育まれていくと思うのです。

ポイント

ワンショットや、ワンポイントに一喜一憂しない。試合全体をデータ分析し、自らと対戦相手の良し悪しを客観的に判断することが大切。

相手のフォームを見てコースを予測&判断

田中信弥

サービスなら、ここを見る！

松尾さんから、サービスにおける予測&判断の質問が出ましたので、お答えします。

以前、予測セミナーを開催したとき、私はデモンストレーションを行ないました。ある若い選手のサービスを1回見ただけで、「彼は次のサービスを、フォア側に打ってきます！」と断言してリターンの位置に立ったのです。そのとおりになりました。

なぜか？　その若い選手のトスが、身体から離れた所に上がっていたからです。つまり、スライスサービスを打ちやすいトスだった。なので、デュースコートであればワイド（サイド）に、アドバンテージコートであればセンターに打つ回数が必然的に多くなるわけです。

このように、サービスを打ってくる頻度の高いコースがわかれば、相当有利に試合を進められます。もちろん選手ですから、散らしてサービスを打ってきます。でも、身体は嘘をつかない。

「ここぞ！」というときや、緊張しているときなどは、身体が打ちやすいと感じる方向に打つこ

とが多くなるのは自然の理《ことわり》です。

この若い選手の場合は、トスを身体から離れた所に上げていた。つまり、身体が楽に感じるのはスライスサービスを打つとき。イコール、私のフォアハンド側にサービスが飛んでくるのが、いちばん自然だったのです。

気になるのは、「フォアハンド側に打ってくることを予測していて、バックに打たれたらどうするのか？」ということだと思います。その場合は、対応するだけです。予測して外れた場合は、対応するだけなのです。「うわっ、予測が外れた。しっかり構える時間もない。しょうがない、とりあえずスライスで返球だ」という感じで対応します。

ストロークは、ここを見る

ストロークの場合はどうでしょうか。相手の打ち方を見て、ボールの飛んでくる方向を予測するのか？　それとも、ボールの飛んできたコースをパーセンテージでデータ処理し、予測に使うのか？

両方です。打ち方の癖を見抜き、予測・判断を行ないます。そして「コートのどこに打つことが多い選手か？」を、過去データがあるなら覚えておくことも有効です。さらに言えば、「今日はこっちの方向に打つことが多いな！」と、当日予測、当日判断も行ないます。
ただし、対戦相手の打ち方を見て、ボールが飛んでくる方向を予測・判断することは、かなりの経験値が必要です。ですから、**最初は「ローボールヒッター？ ハイボールヒッター？」だけを見分けてください。**打点を落として打つのが好きなローボールヒッターは、基本、コートの真ん中からクロスにボールが飛んでくることが多い（たとえ質の高いクロスでなかったとしても）。なぜなら、低い打点からストレートに打つのは、技術的に難しいからです。逆に、高い打点から打つのを得意とするハイボールヒッターなら、真ん中からストレートにボールが飛んでくることが多くなります。高い打点のボールをしっかりクロスに打つことも、技術的に大変難しいからです。

ポイント

相手のサービスのトスを上げる位置を見ると、打ってくるコースの予測&判断がしやすい。相手リターンで見るべきポイントは、まずはローボールヒッターか？ ハイボールヒッターか？ である。

#2 理系なストローク

プロ選手のようなショットを
習得するための原理

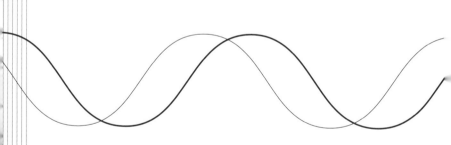

ラケットの加速は体幹の回転運動から生まれる

松尾衛

もともと高校時代にテニス部に入部したのですが、周りが経験者ばかりで全然ついていけず、すぐにやめてしまった苦い経験がありました。でも、不摂生をなんとかしようとテニスに改めてチャレンジしました。初めは近所のインドアジムにテニススクールがあって、体験レッスンに参加してみました。球技は嫌いじゃなかったので、ボールを追いかければ嫌でも走るだろうから、やってみようかなと思ったのがきっかけでした。

ユーチューブなどでフェデラーやナダルのプレー映像を見ると、身体を回してボールに回転をかけて飛ばしているのが見えました。

自分は物理学者として、ひと言で伝えると「地球サイズのラケットでテニスボールを制御するような研究」をやっています。数ミリくらいの物質を回転する装置に入れて、1秒間に1万回くらい回転させるのですが、物質の中には電子があって、実はそれも回っています。電気というのは電子の電荷が集まったものですが、電子の回転＝「スピン」が集まると磁気になるのです。ハードディスクのデータの読み書きにも電子のスピンを利用しています。この電子のスピンはナノメートルの世界のテニスボールに相当していて、実験で扱うミリメートルサイズの物質がラケット。電子をテニスボールのサイズと思うとラケットが地球と同じくらいのサイズになるわけです。いわば、地球サイズの巨大ラケットをぐるぐる回しながらテニスボールの動きを自在に操ることを四六時中考えてきたのです。

そんな私がフェデラーらの映像を見たとき、閃《ひらめ》いたのです。自分の専門分野である回転だろうと、テニスの回転だろうと、物理学としての根幹はまったく同じなのではないかと思ったわけです。大きな回転から小さな回転を生み出す。または、大きい回転で小さいものをまっすぐに飛ばす。ナノの世界で電子のスピンを制御する理論を7年前くらいにつくっていたので、テニスでも似たような手法が使えると思ったのです。

しかし、私は割と運動は好きだったのですが、いろいろ疑問がありました。例えば、スポーツテストの遠投のソフトボール投げで楽々50メートル投げる人もいる中で、私は力みまくって30メートルがやっと……。同じような投げ方なのに、なぜこんなに違いがあるのかずっと謎だったのです。テニスも同じで、ジュニアからの経験者は軽々と威力あるショットを打てるのに、私は頑張っても威力が出なくて。周りからはフォームは結構きれいだと言われるのですが、なにせ威力がぜんぜん出ない。だから早々に退部しました。

肝《きも》です。私は「ボールを遠くに投げる肝」がわからなかったのです。形は真似しているけど、ボールは遠くに投げられない。これが小さい頃の悩みでした。

野球のバッティングでも、「きれいに振っている」とは言われるのです。ただ、ボールは飛んでいかない。サッカーやほかの球技でも同じでした。ピッチングでも、投げる瞬間、この瞬間にボールを最大限に加速させるという仕組みが、なにもわかっていませんでした。

テニスラケットのヘッドスピードを加速させるのは、筋力とはまったく別問題。ちゃんと加速させるためのロジックがあるわけです。私より筋肉が1・5倍ある人も、それだけで1・5倍も加速させられるわけではない、ということですね。

物理学の世界では、理論でいろいろ考えて「こうやったらうまくいくよ」と考える人と、実際に実験する人は別で、分業になっています。別分野の機械工学の人がいたりして、共同研究でやります。1秒間に何万回転させるには、どうしたらバランスを取ってきれいに回るのかというのを、チームを組んでやるのです。

それがプライベートのテニスの回転制御でも、同じような感じで研究者仲間とチームで取り組むことにしました(笑)。『チーム松尾』と称して、研究者メンバーをコートに引き連れていき、「どうやったらボールが回転して飛ぶのか?」などを一緒に研究してもらっています。

ボクシング経験者、テコンドー経験者、フェンシング経験者がいます。それぞれ自分なりに、「蹴るってどういうことか?」「打撃動作とはこういうことだ!」と、プライベートで各自が突き詰めていました。で、私がテニスを始めたのを知って、みんなで話し合ったのです。競技は違っても根本は一緒で、骨盤をキュッと回した力を、いかにラケットヘッドの加速やパンチの加速につなげるか。これが、命題でした。

彼らから学んだのは、相手に動作を読まれないために、地面を踏み込まずに、骨盤を鋭く回して打撃などの動作を行なうということ。**体幹周りの鋭い回転運動を使って肩から先の部位を加速させる**というのがとても重要ということでした。

ポイント

角度運動保存の法則（コマ回し）では、ジョコビッチ選手も使う首に巻き付くフィニッシュを取り入れたほうが、スイングスピードも上がり、ラケットを鋭く振れる人もいる。

沈み込むとうまく打てる不思議

田中信弥

元女子世界ナンバーワンプレーヤーである、セリーナ・ウィリアムズ選手や、アンジェリック・ケルバー選手などが時々見せるシーンに、打ったあとに〝ストン〟とお尻が地面に着くくらい沈み込むものがあります。とくに打点がズレたときや、イレギュラーバウンドに対応したときに多いのですが、そんなときに伸び上がったらそれこそ最悪です。せっかく回転運動で発生させたエネルギーを、一気に上方に逃がしてしまうことになるからです。

ここから言えることは、**なるべくジャンプをしないで打つことがテニスでは大切である**という話です。すると、「えっ？　でも世界トップ選手の映像を見ると、ジャンプして打つ場面がとても多いですよね？　あれはなんなのですか？」という疑念が生まれると思うので、説明します。

ひと言で言えば、「エネルギーが強すぎてジャンプしてしまうときもある」ということです。竹とんぼもそうですが、ビュ〜ンとものすごい回転運動を発生させると、空高く舞い上がりますよね。あの状態に似ています。ものすごい回転運動を、体幹を中心に発生させようとすると、結果的に地面をすごい力で蹴ります。その力が沸点を超えると、ジャンプしてしまうのです。〝してしまう〟がポイントです。ジャンプしようとして飛んでいるのではなく、エネルギーがすごすぎてジャンプしてしまうわけです。

「なるほど。でも、錦織選手の『エアK』は、明らかに自分からジャンプしているように見えるのですが……」との疑問も出ると思うので、こちらにもお答えします。

確かに、錦織選手のエアKは、地面を蹴ってジャンプをしますが、この場合のジャンプは打点に移動するために行ないます。エアKの打点は、かなり高いですよね。なので、ジャンプして適性打点を確保する。これがどうしても必要なわけです。

つまり、ジャンプする主な理由は次のふたつになります。

・回転エネルギーが大きすぎてジャンプしてしまう
・高い打点のボールを打つための打点移動に使う

世界トップ選手がジャンプして打つ映像を見ると、「ジャンプして打ったほうがいいのかな?」と思う方も多いですが、事実は逆です。世界トップ選手のように、膨大な回転エネルギーが発生していない限り、なるべく身体を浮かして打たない。時には沈み込みを意識して打つ。こちらのほうが、理にかなった基礎的な打ち方になります。

余談ですが……昔、自己啓発のセミナーで、空手の板割りをやりました。腰を入れて、少し沈み込むように打つと、一発で割れました。素人なのに。反対に、地面を蹴って力を出そうとしていた人は割れなかったのです。とくに、身体が上に浮く、後ろから前に踏み込むような動作をする人は誰ひとりとして割れていませんでした。これこそまさに、**ジャンプして力を逃してボールを打つか？　股関節を絞り込むようにして、小さなギュッと実の詰まった回転、すなわち沈み込みが発生する打ち方でボールを打つか**の違いなわけです。

ポイント

身体を浮かさず、沈み込んで打つと、身体の回転運動を強く意識することができる。

沈み込みは重力とうまく付き合う最高の方法

松尾衛

「打つときは、基本、沈み込む」という話を聞いたとき、「これだ！」と思いました。

武術の達人が、筋力に左右されないで力強い演武を行なう核となっているものです。重心をうまく操作する、という言葉は聞いたことがあると思いますが、その核となっているのが沈み込みなのです。

我々人間は、重力に逆らって立っています。物を離せば下に落ちますよね。「位置エネルギー」という言葉があって、それが「運動エネルギー」に変わるという話です。**重力に逆らって立つのは、不安定きわまりない。そこで安定させるために、地面に沈み込むようにすると安定感が増す**わけです。

これが、最も効率よく回転するエネルギー源に変わるわけです。股関節を畳《たた》むようにして沈み込めば、それだけでビュンと回転が起こるのです。なにも力を入れていないのに。これが本当の「脱力」という、達人の動きとなります。

力の出し方、出どころが全然違うんですね。先ほどのボール投げですが、50メートル投げられる人と、30メートルしか投げられない人の差はどこにあるかといえば、まっすぐにしか身体を動かさない人が30メートル、ギュンと身体を回す投げ方、竹とんぼがギュンと回って飛ぶような身体の使い方をする人は50メートル投げるのです。

物理学をプロとしてやっていても、とても理解しにくいのが「回転運動」です。直感が利きにくい運動なのです。人間、直線的なものは理解しやすい。でも、身体は回して、ボールはまっすぐ飛ばすなんて、かなり理解に苦しみます。

実際、田中プロは、どうやって回転運動で打てるように教えるのか、とても気になるところでした。

「ミス推奨」テニススクールの開校

田中信弥

非常識だけど最高の上達が得られるスクール

「いかに威力のあるボールを打つか？」にフォーカスした身体の使い方は、自然と回転運動になります。反対に、ミスを気にして、「コートの中にボールを入れたい」となると、後ろから前にソロォ〜ッとラケットを振るようになるのです。

ですから、ウィークエンドプレーヤーには、分度器、フラフープ、土星の輪のように、回転運動に沿ったスイングを目指しましょう、と言います。すると、当然、ミスが出る。まっすぐボールの後ろから前にラケットを振らないので、初期の頃はミスが先行する。世界を目指すジュニアも、初めのうちはミス、ミス、ミスのオンパレードです。なぜなら、安易にコートに入れる打ち方ではなく、確かな威力をボールに宿す打ち方を初めから導入するからです。つまり、**本物の打ち方で本当にうまくなるには、ある時期、ミスをすることから逃げてはいけない**。怖がって、コートの中にボールを入れたくなる欲求に負けてはいけない。そんな時期が必要なのです。

もちろん、私も同じです。9歳からテニスを始め、ミス、ミス、ミスの毎日。でも、正しい打ち方を追求し続けるので、あるとき、多くの人が取れないような、威力と安定を兼ね備えたボールを打つ方法を手に入れることとなるのです。

ということは、必要になるのは、ミスを推奨するテニススクール。「正しい打ち方でミスを続ける先に、威力は違えど、世界トップ選手と同じメカニズムでボールをコートに入れる日が到来する」こんな看板を掲げるテニススクールの出現を願っています。

もちろん、ウィークエンドプレーヤー自身も頑張らなければなりません。「ミスが気になる……」「ミスをすると怒られる」というのが大人の文化だからです。そのため、会社でも、家庭でも、無意識にミスを避ける。確かに、それはひとつの大事なことかもしれませんが、ことテニス上達には当てはめてはいけない。なぜなら、テニスは本来、ミスをするスポーツだからです。フェデラー選手も、ナダル選手も、錦織選手も、みんな、みんな、ミスをする。ならば、いちばんテニスが発展途上で、ミスをして当たり前のウィークエンドプレーヤーが、ミスを気にしすぎるのはおかしい。逆効果です。もう、十分すぎるほどミスを気にして練習しています。ならば、解放。世界トップ選手がテニスを始めた幼少期と同じように、いっぱい、いっぱい、ミスをする。その代わり、**世界トップ選手と同じような打ち方でミスをする。これを、ご自身の意志で、強い意志で、行ない続けることが最短上達へのひとつの道**だと考えます。

私も含めた指導側も同じです。テニス歴が浅く、練習回数も満足に確保できないウィークエンドプレーヤーのミスは、大歓迎してあげる。そして、自分もミスを重ねてうまくなったことを強調して伝える。そうすれば、テニスの本質からズレることなく、かつ多くの方が望む世界トップ選手のような打ち方ができるようになっていきます。

ですから、〝ミス推奨〟テニススクールの開校。そんな非常識なテニススクールができれば、今までにない最高上達をウィークエンドプレーヤーに提供できると思います。

「ミスはしてもいいのですよ！」という概念が伝わったら、次は「ボールを飛ばす」と「コートに入れる」を分けて練習してもらいます。**コートという規格があるテニスは、「威力あるボールを打つ」のと「ボールをコートの中に入れる」という、相反《そうはん》を両立させなければならない難しさがあります。**

ただ、私の経験上、そして17万人以上のウィークエンドプレーヤーを指導してきた経緯からすると、初めから両立させるのは難しい。そこで、分けて行なうのです。まずは「ボールを正しく飛ばす」をマスターし、それから「ボールをコートの中に入れる」に移行するのです。

もう少し具体的に言えば、「ボールを飛ばす」なら、初めはバックフェンスを目がけて打つ。正しい打ち方でという条件はつきますが、まずは飛ばしの限界を知ることから始めます。そこで「あぁ、自分のボールはここまで飛ぶんだぁ」と実感する。肌感覚で理解するのです。

そして、「ボールを正しく飛ばす」ことができたら、「ボールをコートの中に入れる」の練習を開始。もちろん、コートの中に入れるのはボールに回転をかけることで行ないます。回転量を調節したり、ボール弾道を調節したりして、最終的にはコートのどこにでもボールを落とせるように進化していくことを目指すわけです。

この手順で練習を重ねた人は、「コートの中にボールを入れなきゃぁ……」と、試合になった途端に心臓バクバク、陸に揚げられた魚のように口をパクパクさせる息苦しさがなくなります。大げさに言えば、「ラケットを振るだけでコートの中にボールが入る！」という、プロだけが手に入れる特別な世界を、グッと自分の力で引き寄せることになるでしょう。

ウィークエンドプレーヤーは遠慮のかたまり

実は以前、アドバイザーをしていたテニススクールのイベントを、「今日は全部のボールをハードヒットしてくださいね。ミスしていいので。それができたら、あなたは信じられないほどの上達を実現できますよ」と言ってスタートさせたことがあります。どうなったか？

まったくハードヒットしない時間が、延々と続いたのです。

私としては、「ボールを正しく飛ばす」ということがどれほどテニス上達に直結するかを、どうしても体験してもらいたい。そこで、ミスしてOK！　まずはハードヒット全開テニスを見せてもらいたかったのですが……。「ミスしてはいけない」という呪縛、洗脳が、思った以上に深い。誰もかれも、まったくといっていいほどハードヒットしないのです。

にっちもさっちもいかない。で、3面進行だったのですが、真ん中のコートに一度集まってもらいました。ぐるりと45人の参加者を見渡し、「もっと打ってください。まだミスを怖がっています。もっと飛ばしてください、もっとです！」と懇願。すると、びっくりしたことに、「えっ、もっとですか？　もう十分に強打していますけど……」と訴えかけてきたのです。これは困ったな、と思いました。**「コートの中にボールを入れなさい」「ミスをしてはいけません」「社会人にミスは許されないのです」というように、完全マインドコントロール状態となっている。**そこで仕方なく、「いいえ、いいえ、まだまだ全然、強打なんかしていませんよ。私からしたら、遠慮のかたまりに見えます。あなたはもっと打てます。私は知っています」と言い、それぞれのコートに戻ってもらったあとも、声をかけ続けることにしました。

「もっと打ってください。コーチにぶつけるくらい打ってください。バックフェンス直撃ボールを打ってください」と、3面のコートの隅々まで聞こえる大音量でアドバイス。さらには、コート1面ずつを回り、「まだ、まだ、まだ。もっと打てます、もっとです」と、妥協を許さず強打してもらったのです。

すると、イベント開始から1時間半後、奇跡が起きました。バックフェンス直撃とまではいきませんが、ネット近くでボレー返球していたコーチのラケットを弾き飛ばす勢いで、バンバン、ガンガン、強打で打ち始めたのです。しかも、3面すべてのコートから快音が響き渡る。あたかもそれは、楽器をまともに吹くことさえできなかった吹奏楽部の面々が、熱血教師の激に触れることで、潜在能力を開花。そして最後は、人々を深い感動の世界に誘うほどの力強い演奏を披露。自らの成長を確信する、ヒーロー物語を紡《つむ》いだのです。

イベントを手伝ってくれたコーチ陣も、ハトが豆鉄砲を食らったような顔。「こんなすごいボールを、自分の生徒さんが打てるなんて……」と、目前で繰り広げられた競演に、ただただ感心するばかり。

忘れられないのが、奇跡を起こした生徒さんの顔です。キラキラしている。もう、満足そのもの。自然と笑顔がこぼれ、「こんなにテニスがうまかったんだ私」「コーチにミスさせるボールが打てた」と、まるで少年少女に戻ったかのように、いつまでも、いつまでも、喜びを爆発させていました。

ミス推奨テニススクールができれば、全国のウィークエンドプレーヤーの実力がものすごく伸びることを、私は知っています。

ポイント

最初は、正しい打ち方でミスを気にせずボールを飛ばす。
第二段階は、回転をかけボールをコートに入れる。
これが上達への近道。

相反する概念を融合させるには？

松尾衛

ミスをすることは、上達するうえでとても重要ですよね。

「なぜジュニアの頃からやっている人と、こんなにボールの飛び方が違うのか？」についていろいろ調べました。田中プロの話を含めて考えると、小さい頃は思いきりひっぱたいて打っても、ネットにかかるくらいしか飛ばない。それくらい身体が小さい。力がないのです。だから、手加減などしたことがない。はるか彼方にあるネットを、どうやって越すか？　そんなところから始まっているのでしょう。

でも、社会人になって始めた方は、すでに身体が大きくなっているので、間違った打ち方でもカーンとホームランできてしまう。だから、出発点がまったく違うのです。

大人になってからテニスを始めた人が、上達を遅らせる最大要因は、「見栄《みえ》」と「失敗への恐れ」です。だからジュニアのようにホームランなど思いきった練習ができないのです。

しかし我々研究者は、年がら年中、失敗しています。ダメなのが当然。うまくいくことなんて、年に数回もないんですよ。だから、テニスでもミスすることにあまり抵抗がなく、どんどん試行錯誤したから、上達が早かったのだと思っています。

失敗を恐れずどんどん試行錯誤すること、これがすごく重要なのです。以前予備校で教えていたことがあります。いろいろな学力レベルの子を見てきました。そして、学力が伸びていかない子の多くは、小さい頃にミスをすると先生や親に厳しく怒られた経験が多いことがわかったのです。怒られたくないからミスは隠す。自分がわからないことは黙っておく。なので、本来どんどん失敗してもよいはずの場所である予備校で、わからないことを教えてもらえる予備校で、質問できない子がいるのです。

研究は、失敗の連続です。そこから学んで、学んで、新発見をするわけですよね。かの有名なアインシュタイン博士の名言、「私は失敗などしていません。うまくいかない方法を発見したのです」という言葉があるとおりです。

世界最先端は、誰もがわからない領域です。なので、わかったふりをするのが最も愚かな行為です。いい研究室や研究会ほど、年長者が「ごめん、よくわからないので、もう少し教えて」と率先して質問するんですよ。これはテニスに置き換えても同じ話で、**自分が今までやってこなかったことをやるわけですから、できないことだらけのはずです。なので、失敗し続けることが、うまくなる秘訣だと思うのです。**

回転運動と直線運動が両立できないことも課題です。身体も、下から上に曲げて伸ばせて、後ろから前、どちらも否定しないといけないのです。真逆の話をしながらプレーすることになるので、回転運動で物を飛ばすことを習得するのはいろいろなことが邪魔をするなと思います。「飛ばす」と「入れる」とは相反《あいはん》する概念ですよね。最終的にはこのふたつをいい感じに融合させるわけですが、いきなり最適解を見つけようとするといろいろ破綻《はたん》しそうです。まずは、両極端なふたつの要素を分離する、という観点ですね。

「飛ばす」に限ってみても、簡単にボテボテの外野フライくらいならできるけど、大ホームランを飛ばせるかといえば、それはできていないのです。全部が中途半端で、ガツン、バーンとはいきません。

そこで疑問が浮かびます。回転して、沈み込んでいるんだけど、ボールを自分の思う方向、つまり「ストレートに打ちたい」とか「クロスに打ちたい」を実現するには、打ち方を頭で理解してからがいいのか？　それとも感覚で、打って、打って、打ちまくってマスターするのか？　非常に気になるところです。

あなたは右脳派？　左脳派？

田中信弥

松尾さんの疑問にお答えすると、答えは「タイプによって分かれる」です。ご存知のように、人には、右脳優先型、左脳優先型の両方のタイプがいます。もっと言うと、情報入力にも右脳優先型、左脳優先型があり、同じく情報出力にもあります。さらに言うと、幼少期は右脳優先。12歳を超えると、日本の教育の仕方から左脳優先入力に変わるといわれています。ですから、「クロスへの打ち方を、まず知りたいです」と頭で理解してから練習したい人。「打ち込んで、クロスの打ち方をマスターするぞ」と、感覚優先タイプの人がいていいわけです。

ここで重要なのは、指導者側。述べてきたように、人には個性があることを本当の意味で理解し、それを指導に組み入れることができているか。型にはめすぎず、その人の個性を重視しながらゴールに導くことができるか。これが、21世紀のテニスコーチに求められています。そして、今は完全に消費者優位の市場です。インターネットの普及により、間違った選択をしなければ、今までとはまったくレベルの違うテニス上達法を手に入れることもできます。ぜひ、**あなたの個性を重視してくれる指導者を探してください。**

空振りやフレームショットは正しいプロセス

松尾衛

田中プロは、「空振りやフレームショットは最高！」と言っていますよね。フレームショットになってボールが相手コートに入ったら、それは最高のショットだと。この言葉は『瞬間直し実践会』の会員でさえ、驚いていました。これによって、日頃からしょっちゅう空振りやフレームショットを連発している私は心が救われました。

本当に極端に振ったら、絶対に空振りするものです。「空振りできないなら、どこかでボールに合わせてラケットを振っている。これではプロのようなスイングはできない」と思い、心が折れそうになりながらも、テニススクールで空振り、フレームショットを打つまで頑張ったのです。**空振り、フレームショットは、正しいプロセスを正しく進んでいる証拠**だと思います。「空振りやフレームショットを愛そう」というキャッチフレーズはすごく重要。それができないということは、悪いフォームを少ししか変えていないことになる。それでは短期間で上達するわけがない。ミスをたくさんやれるか、その中に正解があるわけです。ミスに対する日本人の思いは、根深いです。戦後の教育では、ミスをすると怒られた。根本的にはこれが大きな間違いなのです。

上達したければ……待つ！

田中信弥

テニス上達を実現する過程で、教育が大きな影響を及ぼすと感じます。

もちろん、空振り、フレームショットを褒《ほ》めたたえるのは、正しいスイングで振れていることが前提です。フェデラー選手でさえ時々、フレームショットを打ちます。打ち方が悪かったのか？　そうではない。タイミングが合わなかっただけ。打ち方は正しいけれど、たまたま1000分の3〜7秒のインパクト時にタイミングがズレたため、フレームショットとなった。

空振りやフレームショットは、打ち方がいいのであれば、あと少しタイミングが違えば、最高のショットになりえるのです。なのに、「げっ、フレームショット……」「空振りか！」と、吐き捨てるように言い、せっかく正しい打ち方をしていたにもかかわらず、ミスしないようにボールに合わせる間違った打ち方に変えてしまう人も多いのです。

その背景には、「フレームショット＝下手」「空振り＝恥」という人間心理がある。**よい打ち方を手に入れるための一里塚として、空振りやフレームショットがあるのに、感情に負けて別の道を歩んでしまう。**しかも、そこは地獄の3丁目。ボールに合わせて打つ打ち方に手を染めれば、容易には抜け出せない。骨の髄《ずい》までしゃぶりつくされ、ある日突然、ポイッと上達の道から放り出され、テニス生涯に幕を下ろさざるをえないこともあるのです。

もちろん指導者からすると、教えている生徒さんが空振りばかり、フレームショットの嵐だと、「教え方が下手なのでは？」と思われる危険性がある。最悪、生徒さんがやめていなくなる。そんな恐怖が、潜在的にあると思います。なので、結果重視。早く結果を出して、生徒さんからの評価を得たい。こんな気持ちになれば、フレームショット、空振りをなくし、ミスしないテニスを教えるでしょう。

その気持ちは痛いほどわかるので、私の提案は、楽しく習えるコース、プロに近づきたいコースなどで教え方を変えることです。実際、エアロビクスやヨガ教室などは、お客さまのニーズ別に細かくクラス分けすることで支持を受けているので、できないことはないでしょう。

それで、プロに近づきたいコースを選択した人には、「今から1年は空振りばかりです。でも、1年後にはプロと同じフォームになりますので、私についてきてください」と言う。すると、受講生は納得、安心したうえで、空振りし続けられるわけです。

反対に、楽しく習えるコースを選択した人には、「すぐにボールが当たるようになりますよ。コートにボールを入れられるようにもなります。楽しいですよ。でも、これだけは知っておいてください。中級以上には行けません。たとえ行けても、勝ちづらいです。ですから、将来、レベルの高いテニスをしたい、レベルの高い試合で勝ちたいと思われるなら、コース変更をしてください。どうされますか？」と、こんな感じできっちり説明し、お客さまに選択してもらうのです。

私がオリンピック強化スタッフ＆日本代表コーチを務めていたとき、同僚のひとりがフランスに勉強のために派遣されました。そこで、12歳以下の強化ジュニアの練習プログラムを見たら、まさに1年間、サービスで空振りもしくはフレームショットを続けていたのです。

なぜ、うまいジュニアが空振りやフレームショットばかりするのか？　それは、厚いグリップでサービスを打っていたのを変えさせられた時期だったからです。厚いグリップとは、ラケット面と手のひらの向きが一致する握りです。成人になってからテニスを始める女性が好んで使うサービスグリップで、すぐにサービスボックスにボールを入れることができる、一見、便利なグリップです。

なので、幼少期に結果が欲しいジュニアも、とっつきやすいこともあり、無意識に導入することが多いわけです。ただ……先がない。つまり、テニスがうまくなり始め、もっと速いサービスを打ちたい、セカンドサービスは回転をかけダブルフォルトをなくしたい、という欲求が出たとき、厚いグリップでは実現不可能となるのです。

厚いグリップだと、速いサービスや回転のかかるサービスを打つのに欠かせない「プロネーション動作」がうまく機能しないからです。プロネーションとは、野球の投球動作と同じような腕の動きですが、これをサービスで有効活用しようとすると、どうしても薄いグリップでなければならない。そこで、フランスの強化コーチは、「1年間、空振りやフレームショットを続けよう。そして1年後、プロと同じサービスフォームを身につけよう！」と号令をかけるわけです。

彼らには不安が一切ない。1年間、空振りやフレームショットを打ち続けさせ、「このままジュニアが、永遠にサービスがうまく打てなかったらどうしよう……」という不安がないのです。なぜか？　すでに歴史があるからです。「薄いグリップに変更させても、1年もすればプロのようなサービスフォームになる！」という数十年にわたる成功データがあるのです。だから自信満々で空振りやフレームショットを打たせ続けることができるわけです。

ポイント

正しい打ち方で発生する空振りやフレームショットは、良いショットを打つ一歩手前にでる。ほんの少しタイミングが合えば、すぐに最高のショットに変わる。

正論とアドバイスは違う

田中信弥

「回転」の中に「まっすぐ」を入れ込む

全国行脚していると、「ストロークは体重移動で打つのが正しい」とするウィークエンドプレーヤーが多いことに、ちょっと驚きを隠せません。

この間違った解釈は、私が小学生の頃からはびこっていて、かれこれ40年以上も経つのです。が、まだ完全には拭い去れない。そんな状況を見ていると、「この先、テニス界は大丈夫なのか？」と、少し心配になるときもあります。

テニスは、後ろから前の動きが大きく出たらアウトです。一動作完結型のスポーツではないからです。1球打っても、すぐ次の1球を打たなければならない。次のボール、次のボールと、連続でボールを打つことが求められる。なので、野球のように1球1球、後ろから前の動きが入ったら、次に飛んでくるボールへの準備が完全に遅れる。つまり、試合にならないのです。

昔からいわれる「体重移動」という言葉には注意が必要です。あたかも、後ろから前に体重を移しながら打つことを連想させますが、世界トッププロでそんな打ち方をする人はいません（たまたま体重移動しながら打たなければならない状況はありますが、それでも移動している最中に一瞬、体幹を止める感覚をプロ選手は発動させます。でないと、ボールをコントロールしてしっかりと飛ばすことができないからです）。もちろん、軸足から踏み込み足に体重を移動させることはあります。チャンスボールを打ち込むときや、アプローチショットを打つときなどです。ですが、**それは体重移動ではなく、体重移し。つまり、軸足から踏み込み足に体重を移してから打つ。**ここが混同されているので、体重移動しながら打ち、「うまく打てない」と悩むウィークエンドプレーヤーが一向に減らないのです。

いちばんわかりやすい例は、錦織選手の「エアK」。彼は、軸足の右足から完全に踏み込み足である左足に体重を移しきり、さらにはその体勢のままボールを少し待ち、そのあとで地面を蹴りボールを打ちます。もし、体重移動のほうがいいボールが打てるなら、わざわざ踏み込み足である左足に体重を移しきらなくてもいいはずです。でも、そうしなければならない理由がある。体幹の力を溜めて打ちたいのです。体幹の力を、体重移動による前後運動でロスしたくない。なので、左足に体重を移しきってからエアKを打つわけです。あなたも絶対に、体重移動しながら打たないようにしてくださいね。

「回転運動で打ちましょう」は正論です。しかし、それだけではうまく打てない人も多い。

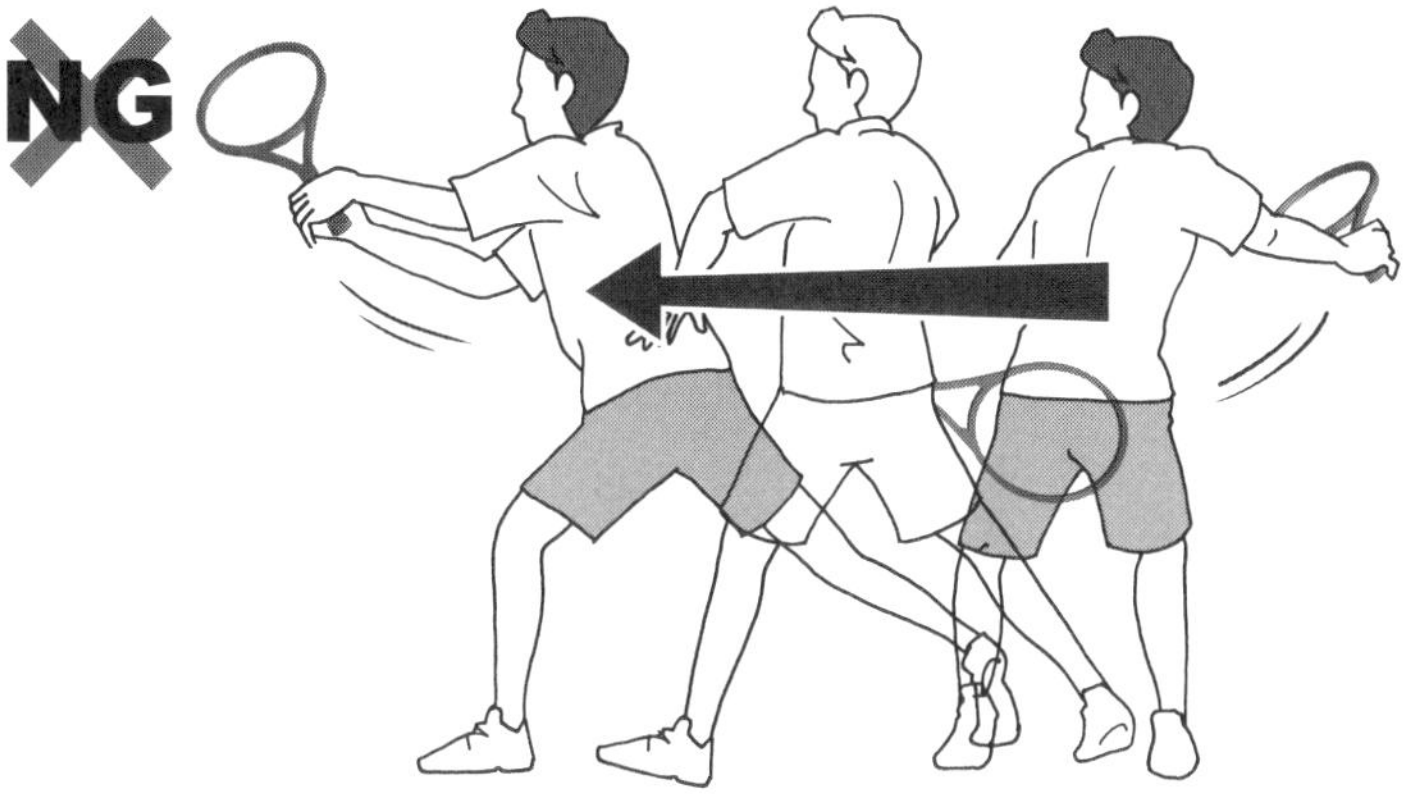

後ろから前への体重移動では、押し出す力しか発生しないため、
ボールを強く打つことはできない

身体の回転運動により、ラケットに遠心力が発生。
威力のあるボールが楽に打てるようになる

ウィークエンドプレーヤーは、どうしても回転運動でボールを前に飛ばすイメージがないからです。考えてもみてください。前にボールを飛ばすのに、身体は回転？　脳が混乱して当たり前なのです。そして、脳はイメージできないものは実現できない。ですから、**「回転運動しながらも、インパクトの30センチくらいだけはラケットをまっすぐ振ってもいいですよ」と言うと、うまく打てる人が多くなるわけです。**30センチといえども、直線運動が入ると脳が納得しやすくなるからです。

膝の曲げは120〜180度が最も多い

「膝《ひざ》を曲げて打つ」も、危険なアドバイスです。確かに膝より低いボールを打つときは、90度くらいまで曲げることもあります。ですが、**世界トップ選手のデータでは、大多数のショットで120〜180度の曲げ具合であることがわかっている**のです。

180度といえば、ピーンと膝を伸ばした状態。言われ続けた常識とは真逆の打ち方をしていることになります。昨今は、ユーチューブ映像などで簡単に世界トップ選手が見られます。なので、好きな選手の名前＋練習と検索すれば……120〜180度の膝の曲げで打つ世界トップ選手が、嫌というほど確認できるでしょう。

ポイント

体重移動しながらは、絶対に打たない。体重移動後に打つ。（踏み込んで打つ場合）
回転運動でうまく打てないときは、
インパクト前後だけラケットの直線運動を意識してもよい。

曲がったものはまっすぐなものの集まり

松尾衛

身体は回転しているけど、ボールはまっすぐ前に飛ぶ。この現象を表す式はいくつかあるのですが、直感的には、回っているものも部分的に見れば「まっすぐ」の集まりと理解することが大切です。回ってはいるけれど、インパクトの瞬間を見れば「後ろから前」に動いている。回転運動は小さな直線運動の集まりなのです。それをわざわざ後ろから前に大きく動かすのはものすごく効率が悪く、自分でいろいろなものにブレーキをかけている。だから体幹を中心に、右から左に振り抜くと出てくる一部分の「後ろ→前」の動作を使って前に飛ばすのです。

宇宙から見ると地球は丸いですけれど、我々は〝丸い〟なんて感じていないですよね。それと一緒です。日常生活では地面は真っ平らだと思っていて、実際それでほとんど困らないですけど、実は丸いわけです。曲がったものは、まっすぐの集まりで理解しましょう、これが高校の頃に習った『微分』の考え方なのです。曲がったものをまっすぐに見るようにするのは、顕微鏡で拡大していく作業です。だから地球も、遠くから見ると丸いけど、どんどん拡大して倍率を上げていくと、真っ平らの集まりになるわけです。

世の中は、グニャグニャに曲がった複雑なものが多いですけれど、拡大してやればだいたいまっすぐになるのです。だから、複雑なものが出てきたときは、微分という操作でまっすぐなものに簡略化するのが第一歩となるわけです。

いちばん最初に言った、自由度を制限して、簡略化するという話です。実は、拡大しても複雑なものは世の中にあります。例えば滑らかではないもの、蛇腹みたいに折り曲げられたものは、拡大しても折り畳まれた構造が出てくるのですが、こういうものは「フラクタル」という言葉が当てはまります。同じものがどんどん出てくる。尖っているところは、どれだけ拡大しても尖っている。そこは微分が活躍できないところです。

いろいろ言いましたが、こうした微分などという計算をできる必要はまったくありません。テニスを上達させるのに、複雑な計算式はいりません。プレーしている最中に、公式を使ってボールを打つ場面はないですから。ただ、「曲がったものはまっすぐなものの集まりだ」という考え方は一生使えます。考え方が変われば、プレーにも好影響が出てきます。曲面は平面の集まり、曲線は直線の集まり、このようなシンプルな考え方が大事なのです。

結局、曲げ伸ばし動作と、後ろ→前という直線動作が目についてしまいますが、小さな直線の集まりである回転運動で飛ばすことを理解する必要があるのです。確かに野球の投手などは、後ろから前の動作があります。でもボールは、軸足が地面に着いたあとの回転運動で投げているのです。もっと言えば、後ろから前への動作がなくても、その場で回転してスナップを使えば、ボールは投げられるのです。回って投げるのが基本軸であって、それにプラスする形で後ろから前への動作がある。この順序が逆になるから話がおかしくなるのです。

ここまで理解したとき、「回転をどうやって効率よく起こすか？」が次の焦点になります。ひと言で言うと「軸が動かないこと」。軸がブレると、きれいな回転が起こせない。そして、**右から左にスイングする最中に、後ろから前へ体重移動すると、いちばんきれいな回転運動を妨げることになるのです**（右から左へのスイングは、右利きの方がフォアハンドを打ったケースです）。

むしろ、松井秀喜さんのように後ろ足を軸にして打つタイプで、前から後ろに体重移動が起こるくらいのほうが、回転運動でヘッドは加速します。話は単純で、バットでもラケットでも、先端が身体に巻きつく。これが最もいい回転運動です。後ろから前への体重移動で、身体が前方に進みすぎると、いつまでたってもラケットが身体に巻きつかない。前方に進む身体を追いかけるように、ラケットも前に進むだけ。つまり、いつまでたっても回転運動が起こらない。これが後ろから前に体重移動しながら打ってはいけない理由です。

田中プロがよく例に出す、アイススケートの羽生結弦選手のスピンのように、その場に止まっていればいるほど急激な回転運動が起こり、結果、スイングスピードも上がるというわけです。

●肩中心のフォアハンド

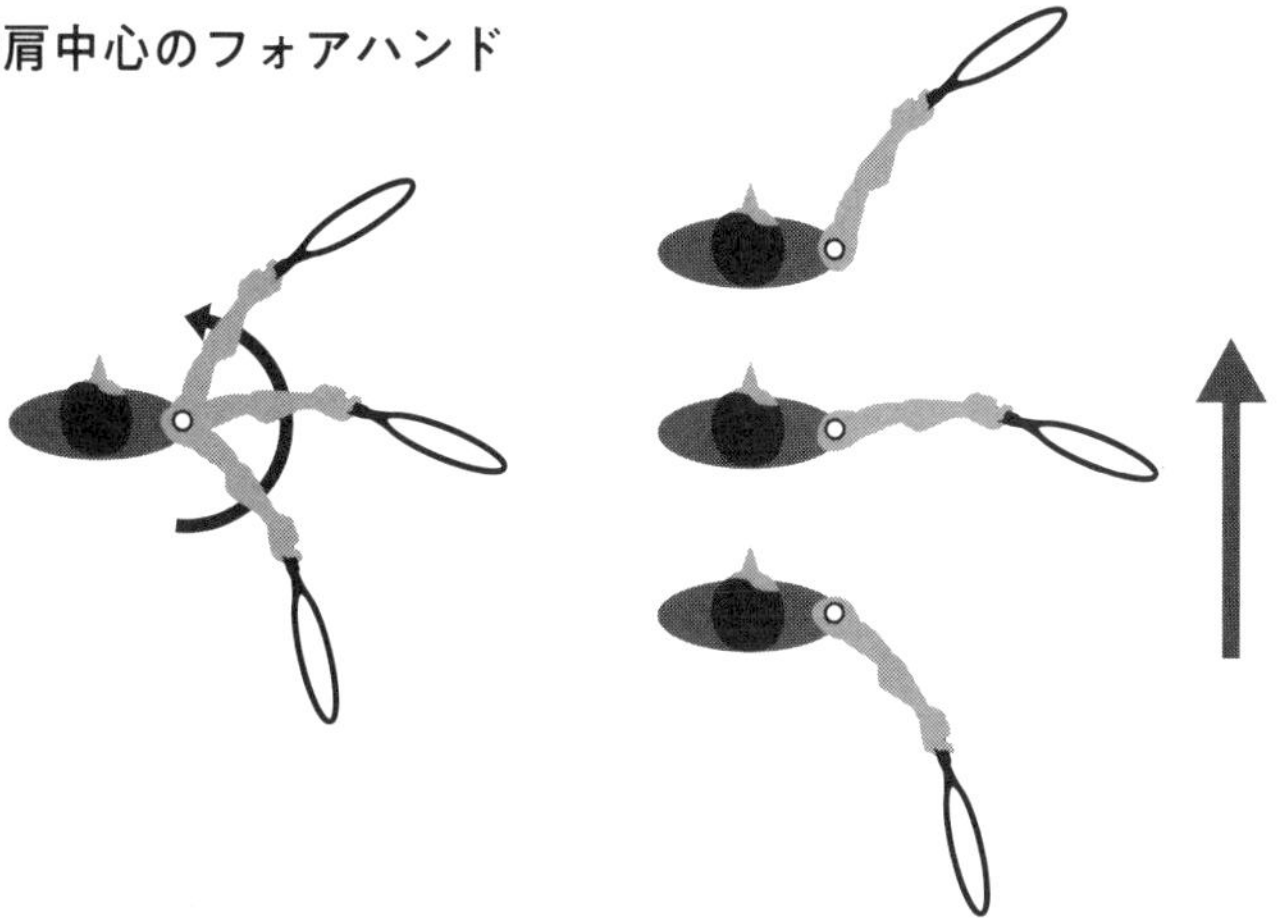

●体幹中心のフォアハンド

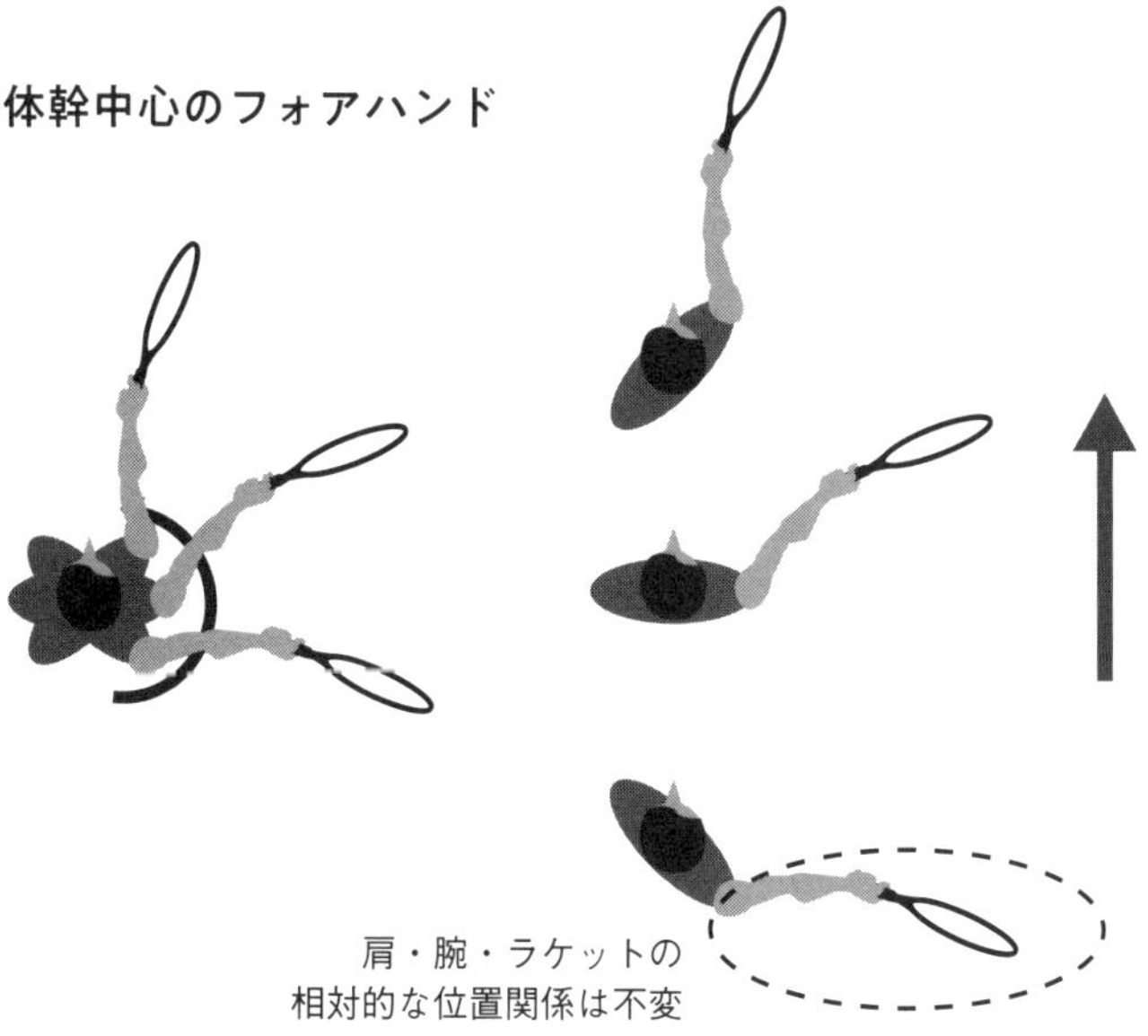

●肩中心のバックハンド

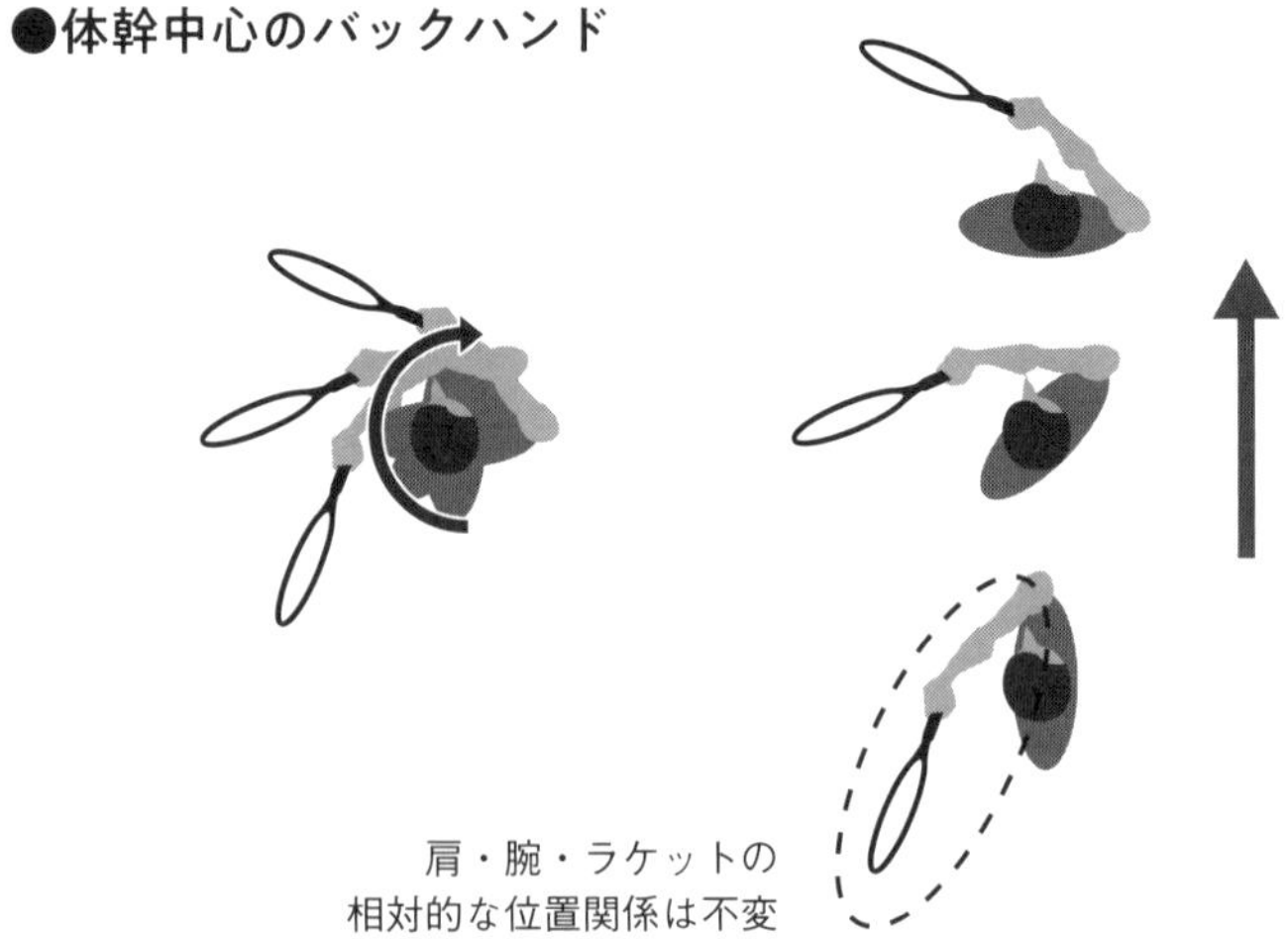
●体幹中心のバックハンド
肩・腕・ラケットの
相対的な位置関係は不変

体幹で打つことを覚える「ペンギン打ち」

田中信弥

昔、『ペンギン打ち』と称して、腕と身体をくっつけ、そのままラケットを振る打ち方を矯正法として使いました。これは、体幹から腕が離れないほうがボールを飛ばすのが簡単なために勧めていたものです。裏を返せば、**むやみやたらに身体から腕が離れ、不必要な大きなスイングとなると、ボールにエネルギーが伝わらない打ち方になる**ということです。

もちろん、テニスは緊急事態が起こるスポーツです。そのため、球出し練習を受けているときのように、すべてのボールをペンギン打ちで試合をするわけにはいきません。遠くに手を伸ばさなければ取れないボールであれば、当然、脇《わき》が開き、形の上では大きなスイングにならざるをえないこともあるのです。

ただ、本質は形ではありません。スイングにエネルギーが宿ればいいのです。なので、たとえ大きなスイングにならざるをえないときでも、あくまでも体幹の力でボールを打つ。体幹がブレないように意識し、伸ばした腕を大きく振り回すことでボールを打とうとはしない。この意識が極めて大切です。

似て非なりという言葉がありますが、**同じように腕が伸び、大きなスイングで打たなければならないときでも、体幹で打っているのか、腕先だけで打っているのかで、結果が大きく変わる**というわけです。

理想は、毎回、体幹に腕が絡みつくようなペンギン打ちを目指しながらも、大ヒット漫画『ワンピース』の主人公ルフィのように、ギューンと腕だけをボールのところに伸ばさなければならないときもある。そんなときは、体幹をブラさないように回転させることで、伸びた腕が勝手に振られるように仕向ける。つまり、腕の長いペンギン打ちを目指すのです。

腕やラケットを大きく振るから、パワーが出るわけではありません。ペンギン打ち＝体幹打ちであり、これがパワーの源《みなもと》です。

ポイント

パワーショットを打つのに、大きなスイングは不必要。ペンギンのように、体幹の近くに腕（ラケット）があれば、小さなスイングでもパワーショットは出現する。

OK

両肘を身体につけ回転して打てば、体幹を中心としたスイングが完成

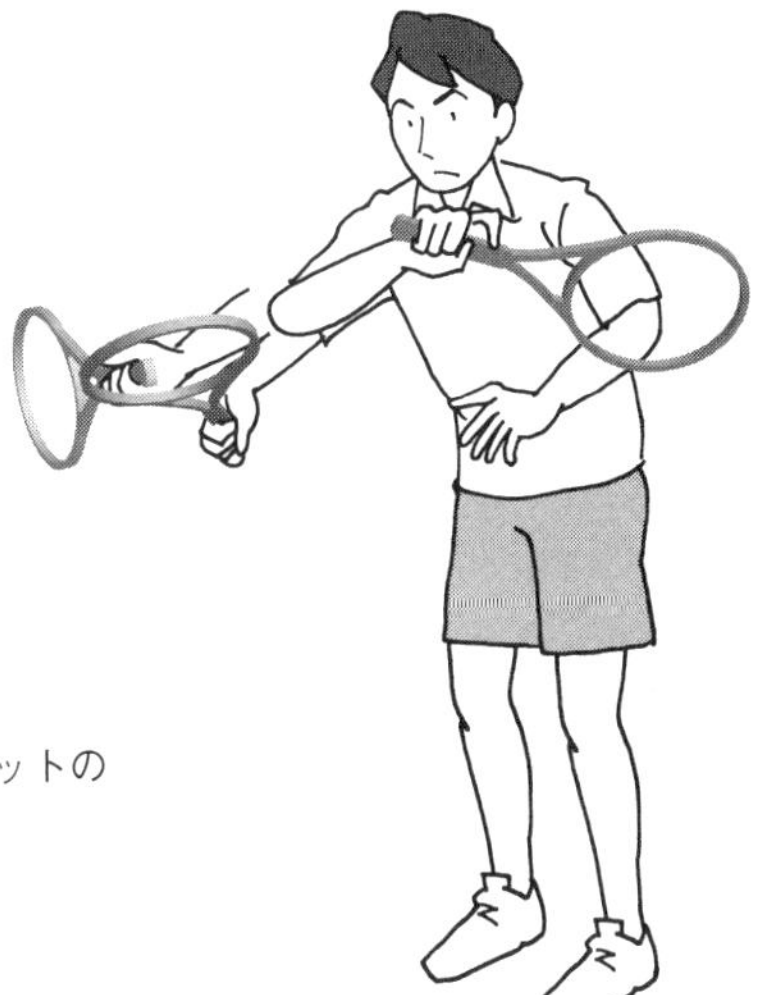

NG

体幹の回転運動を使わず、ラケットの弧だけを大きくして打っても、ボールにパワーは宿らない

ボールは見ないで打つ？

田中信弥

「インパクトまで、しっかりとボールをよく見て打ってください！」というアドバイスがあります。すべてとは言わないですが、このアドバイスにも危険が隠れています。

すでに実験からわかっています。私たちは、よほどボールが遅くない限り、2〜3メートル前のボールの残像しか見ることができないのです。つまり、**「インパクトまでしっかりボールを見ている」と思い込んでいるだけで、実は見てはいない。これが現実です。**

そして、そこから派生するさらに大きな問題が、見られないボールをインパクトまで一生懸命に見ようとすると、首を不必要なほど曲げるので、身体の軸が崩れてしまうことです。軸が崩れては、ボールをうまく打つことはできません。なので、一見、いいことに思えるボールをインパクト付近までしっかり見ることは、実際はボールをうまく打てなくしていることも多いのです。

これも、ユーチューブ映像などで確認すればわかりますが、世界トップ選手はボールをインパクト付近まで見ないで打つことが多いです。わかりやすい例を挙げれば、リターン。彼らは時速200キロ以上のスピードサービスを打ち返します。そんな速いサービスを、インパクト付近までボールを見ていたら？ 次の瞬間、ビュンと一瞬でボールは通りすぎ、ラケットを振る前にバックフェンスに直撃しているでしょう。

そう、時速200キロのサービスをリターンするならば、ボールをインパクトまでしっかりと見ている場合ではありません。飛んでくるコースを予測し、自分からかなり遠くにボールがあるときに、「あっ、この辺りに飛んでくる」と判断。あとは、軸をまっすぐに保って打つことを心がける。なにはともあれ、**いちばん大切な体幹がまっすぐの状態でラケットを振れるようにする。**

これが時間のないなかで、正確にショットを打つ最高に大切な肝なのです。

ただ、こんな反論もいただきます。「田中さん。フェデラー選手は、首を横に傾けてまでインパクトのボールを見ていますよね。テニス雑誌にも、『レジェンドは、やはり最後の最後までボールを見ている。ウィークエンドプレーヤーも見習うべきだ』と書いてありますが……」と。

私の返答は、いつもふたつ。ひとつは、首を横に傾けてインパクトする選手は、多くはないということ。フェデラー選手は、レジェンドなので印象に残りやすいのでしょうが、ナダル選手、ジョコビッチ選手、アンディ・マレー選手、錦織選手は、決してフェデラー選手のように首を傾けてインパクトはしません。ということは、首を傾けるあの独特のフォームは、決してインパクトまでボールを見るために行なっているわけではない。

すると、もうひとつの返答は……あのフェデラー選手独特のインパクトには、いったいどんな意図が隠されているのか？　この質問に答えなければなりません。

ひとつは、フェデラー選手の極端なまでの首の傾けは、ボールを腕の力だけで打たないための行為、ということになります。そして同時に、体幹がネット方向にスウェーするのを抑制しています。つまり、腕と体幹を一体化させて打つ。そのために、首と肩が近づくのです。

腕と体幹を一体化させると、より安定的でより強いボールが打てます。腕の少量の筋肉、小さく弱い関節だけで打つのとは、訳が違うからです。いわば、「体幹打ち」と命名したいような打ち方を、フェデラー選手は見えやすい形で行なっています。

体幹打ちは、打つときに爆発的な力を発生させるプロ野球選手のバッティングにも見受けられます。前にバットを振りながらも、首は後ろに戻るような動き。まさに、フェデラー選手が見せる首と肩を近づける行為と同じです。

なぜ、首を横に傾ける動きが発生するのか？　後ろから来るラケットやバットの回転運動エネルギーを、止めるような動きが出ることで、インパクトの瞬間に爆発的なエネルギーが生まれるからです。やっていただくとわかりますが、ただ単に身体を回転させるのと、首を横に傾ける動きを入れた回転運動では、明らかにインパクト時の爆発力が違います。なので、フェデラー選手もプロ野球選手も、自然発生的に行なう動きであると推察しています。

フェデラー選手の印象があまりにも強い、首を横に傾けるような体幹打ちですが、実はフェデ

photo by Getty Images

ラー選手が初めて使ったわけではありません。私の知る限り、昔の全日本チャンピオンにも数人いますし、フェデラー選手以前のレジェンド、ウインブルドン5連覇を達成したビヨン・ボルグ氏も、体幹打ちが多く見られました。

もう、おわかりいただけたと思いますが、**フェデラー選手の首を横に傾けるようにして打つフォアハンドは、決してボールをよく見るために行なうわけではないのです。**

ちなみに、先に挙げたフェデラー選手以外の世界トップ選手たちが、体幹打ちをしていないように見えるのは、「内包」されているからです。つまり、フェデラー選手のようにわかりやすく、見えやすい形として出ていないだけ。そして、100対0ではないのですが、首を横に傾ける動きを発生させる選手は、グリップを薄く握る選手に多いようです。過去の全日本チャンピオンのふたりも、薄いグリップで素晴らしいフォアハンドを打つ方でした。なので、仮にあなたが薄いグリップでフォアハンドを打つなら、首を横に傾ける、こちらを試す価値は大いにあるでしょう。

数年前の話ですが、当時女子世界ナンバーワンのセリーナ・ウィリアムズ選手と、同じく元世界ナンバーワンのマリア・シャラポア選手が、フェデラー選手の真似をして、インパクト時に首を横に傾けるフォアハンドを打っていました。とくに、試合前のウォーミングアップ時に強調して行なっていましたが、これがまったく意味をなしていない。まるで、取ってつけたように首を横に傾けるだけ。このときにも、「厚いグリップでフォアハンドを打つ選手は、体幹打ちが内包されているので、無理に首だけを横に向ける必要はないのだろう」と感じました。

その証拠に、ふたりの元女王も、試合が始まると首を横に傾ける仕草など、一切出ない。普段どおりの、顔を前に向けた素晴らしいフォアハンドで相手を一蹴したのです。

絶対とは言いませんが、厚いグリップのプレーヤーは、首を横に傾ける必要はないと考えます。

ちなみに、私もかなりテストしましたが、フォアハンドが強化されることはありませんでした。

逆に、力が逃げる、ボールの威力を失う感もあったので、今でも顔を前に向けてフォアハンドを打っています。内包されていればいいのです。

ポイント

ボールを目で見られるのは、インパクトの2〜3メートル前まで。あとはボールの残像を見ているだけなので、正しいスイングで打つことに意識をむける。

ヒップホップダンスから学べる動き

松尾衛

確かに、世界トップ選手が速いサービスをリターンしているスーパースローを見ると、まるで相手選手を見たままリターンしているような画《え》がよくありますね。あの画は、そのような裏事情があるからこそ見られるわけですね。

腕と体幹を一体化させる。まさに、新しい次元の話ですね。それらの現象は、ヒップホップダンスの「アイソレーション」に似ていますね。アイソレーションとは、身体のさまざまな部位を独立的に動かすことで、今回の場合は肩とあごを近づける動作です。ロボットダンスで使う手法と言うと、おわかりいただけるでしょうか。

もちろん、ヒップホップと違い、野球のバッターやテニス選手は、自分の意思で肩とあごを近づけるわけではありません。あくまでも、インパクト時に力の集約を行なうため、自然発生的に出現すると考えています。

確かにアイソレーションは、今までにない強打と安定を手に入れる、画期的な上達テクニックだと思います。ただ一方で、鋭いショットになってボールの勢いが増すという理論はわかるけれど、いざ「打つ最中のどこで挟み込もう」と迷うと、かえって身体が動かなくなる。スイングスピードを落としてしまう。そんな本末転倒を迎える難しさもあるのです。

私は、テニスをするにあたっていろいろと調べますが、**最終的には「自分だけの教科書」を書くのが目標です。自分だけの教科書をつくると、勉強も理解が早くなるのと一緒です。**自分の教科書をつくる題材を求めて、いろいろな教材を当たったり、レッスンを受けたりするのだと思うのです。私の場合は、ヒップホップダンスなどからも多くのヒントを得て、自分自身に最適化した教科書づくりに励んでいます。

なお、アイソレーションをイラストで解説するのは非常に難しいので、興味のある方はインターネットなどで「ヒップホップ　アイソレーション」と入力して動画検索をしてみてください。身体のさまざまな部位を独立させて動かす、という意味がおわかりいただけると思います。

ポイント

肩とあごを近づけて打つアイソレーションショットは、腕と体幹を一体化させる作用があり、ハマればフェデラーのような打ち方となる。

サッカー・バスケ・テニスの共通点

田中信弥

「ボールだけを見すぎてはいけません」と私が言うとき、必ずサッカーとバスケットボールを引き合いに出します。

もちろん、チームスポーツと個人スポーツの違いはあります。ですが、ボールだけを見ていては負けてしまうところは、まさに一緒です。サッカーもバスケットボールも、対戦相手は攻めてくるのか？ 守るのか？ ボールを奪いに来る選手はいるのか？ 自分のパスを待つ味方選手はどこにいる？ ゴールまでの距離はどれくらい？ このように、ボール以外にも見るべきものがごまんとあるからです。そう、いくら手元、足元のボールをしっかり見ていても、試合に勝つことはできないのです。

テニスも、対戦相手のポジションは？ 次のボールを攻めてくるのか？ 守ろうとしているのか？ 攻撃的なボールを打ったほうがいいのか？ それとも守りのボールが賢明か？ このように見るべきところ、考えどころ満載なのです。

つまり、**うまくなればなるほど、ボールを一点凝視できなくなる**のが、テニス、サッカー、バスケットボールというわけです（もちろん、バレーボールなど、まだまだ同じ類のスポーツはたくさんあります）。

筑波大学の研究結果があります。向こう側のコートのベースライン付近に、研究者がいろいろな色がついた旗を数本持って立ちます。サービスライン付近にはネットプレーヤーを配置。手前側のコートのベースライン付近には、全日本チャンピオンがスタンバイ。そして、ネットプレーヤーが全日本チャンピオンに球出ししたら、実験開始です。全日本チャンピオンは、出された球をネットプレーヤーにボレーされないよう、パッシングショットを打つのです。

そのときです。向こう側のコートの、ベースライン付近に立つ研究者が、複数本持つ旗の中からサッとひとつだけを選び、高々と空に向かって上げるのです。果たして、全日本チャンピオンはパッシングショットを打ちながら、その旗の色を見事に言い当てることができるのか？　答えは……何度やっても、すべての旗の色を正確に言い当てたのです。

この実験は、プレーヤーがボールを打つときは、ボールだけを見ているのか？　それとも、コート全体を見ながらボールをも見ているのか？　このような目の使い方を調べたものです。

結論は、目の機能のひとつである周辺視野を大いに使い、映画を見るようにコート全体の中にボールを見ていたのです。すなわち、**強い選手はコート全体を見ながらプレーしている、弱い選手はボールだけを見てプレーしている**ことがわかったのです。

グリップはどれくらいの強さで握る？

田中信弥

テニスには重要なことがたくさんありますが、グリップもそのひとつです。

「力を抜いて握れ」というアドバイスはよく使われますが、結構な割合で、ウィークエンドプレーヤーを下手に導くアドバイスとなっています。なぜ、一見よさそうなアドバイスである「力を抜いて握れ」が下手《へた》に導くのか？

そもそも前提が違います。元世界ナンバーワンのマレー選手は、握力が100キロ近くとも、100キロを超えているともいわれます。私の握力は30キロ。このふたりが、それぞれ力を抜いてグリップを握りボールを打ったら、同じ結果となるでしょうか？　まったく違う結果となることは、この本を読む聡明なあなたならおわかりでしょう。

ひょっとすれば、マレー選手が力を抜いてグリップを握るのと、私がMAXの力でギュッと力を入れて握るのと、同じくらいの強さかもしれません（3倍以上の握力差ですから、十分に考えられます）。いずれにしても、私が力を抜いてグリップを握りボールを打てば、まさにヘロヘロボールが飛んでいくだけです。

さて、「力を抜いて打つ！」とは、そもそも達人技です。彼らは、子どもの頃から何十年も力を入れ続け、「力が抜けない、力が抜けない」と、毎日のように嘆き苦しんだあげく、才能ある人で十数年、普通は数十年続けた先に「力を抜いて打つべし！」と、やっと人々に講話をたれることができるのです。

ですから、昨日今日にテニスを始めた人が、同じようにできるわけがない。**「グリップは力を抜いて握る」「身体の力を抜いて打つ」を、達人でもないのにいきなりやれば、ただ単に力を抜いただけのふぬけショットになる**わけです。

ところが、ひとつ大きな問題があります。実際に力を抜いてグリップを握り、よいショットを打てるときもあるのです。すると、どうでしょう。結果が出たのですから、「やっぱり力を抜いてグリップを握るのは正しい」となるわけです。

ただ、ここには見破りにくいカラクリが潜んでいます。相手が弱いと、力を抜いてグリップを握っても、うまく打てることがあるのです。なぜか？　ボールに力がないからです。想像してください。あなたが3歳の女の子のボールを打ち返しているところを。力を抜いてグリップを握っていても、ボールの威力に力負けしない場面が頭の中に浮かんだのではないでしょうか？

では、フェデラー選手と対戦したらどうでしょう？　3歳の女の子を相手にしていたときと同じように、力を抜いてグリップを握り戦えますか？　誰に命令されることなく、ギュッとグリップを強く握り締め、あの世界最高峰のボールに負けないように準備するのではないでしょうか。

正解です。仮に、もし本当に力を抜いてグリップを握り、フェデラー選手のサービスをリターンしたら……間違いなくラケットは吹っ飛びます。弾き飛ばされます。バックフェンスを飛び越え、観客の顔に突き刺さる危険まではらむように、ラケットは一瞬で吹き飛ばされるのです。

かっこ悪いです。対戦相手の力量が低いときだけ、「力を抜いてグリップを握るといいよ」などのたまい、強い相手と打つ場面となった瞬間、歯を食いしばりながらギュッとグリップを握り締め、ボールの威力に負けないようにするなんて。

カラクリに引っかかってはダメです。まだ達人でもないのに、力を抜いてグリップを握るなど10年早い。もったいない。**王道を無視し、聞こえのいい、あたかも正しいように聞こえる地雷アドバイスを踏んでは、大切な時間とお金を湯水のごとく失うだけです。**

私が推奨するグリップの握り度合は、まずはギュッと力いっぱい握る。フェデラー選手のサービスがいきなり飛んできても、ラケット面が弾かれない力で握る。もちろん、力を抜く↓力が入る、これが身体の原理です。なので、構えた時点からギュッとグリップを握ると、肝心のインパクト時に力が抜けてしまうかもしれません。ただ、それでも初期段階は、構えた時点から力を入れてグリップを握ってみてください。なぜなら、私が見てきた延べ17万人のウィークエンドプレーヤーは、ボールを打つ前のグリップを握る力が抜けすぎている。結果、インパクト面がグラグラする。いわゆる「面ブレ」を起こしてボールを打つことで、知らず知らずのうちにミスを量産していたのです。

普段、意識にはのぼらないですが、面ブレミスはものすごく多いです。打つ瞬間にほんの少し面がグラグラしているため、気付かぬうちにミスをしているのです。ぜひ、**だまされたと思ってグリップをギュッと力強く握り、面ブレなしでボールを打ってください。**あなたに先駆け、すでに試されたウィークエンドプレーヤーの方の中にも、「今まではまったく違う、爽快な当たりになった」と言われる方がたくさんいます。なので、正しく行なうことができれば、「今までとはまったく違う、よい感触」と、あなたも口ずさむことになるでしょう。

そして、グリップをギュッと強く握る理由は、もうひとつあります。テニスはほかのラケット競技に比べ、圧倒的にラケット、ボールが重い。そのため、しっかりとグリップを握らなければ、きれいにスイングできないのです。

卓球のラケットは、小さくて軽い。柄は極端に短く、面の下がすぐグリップというつくりです。ボールの重さにいたっては、外で競技すればフゥ～と風でどこかに飛んでいくくらい軽い。なので、対戦相手からすごいボールを打たれても、面ブレする要素が少ないのです。

バトミントンも一緒です。柄は長いですが、ラケットはこの上なく軽い。しかも、打つのは羽根。そのため、こちらも面ブレしづらいのが特徴でもあります。

ほかのラケット競技に比べ、圧倒的に重量のあるラケットで、力を抜いてグリップを握ることの弊害の大きさが伝わったでしょうか。理解力の高いあなたなら、想像に難くないと思います。地雷アドバイスに気をつけ、最短上達を果たしてください。

ポイント

ボールの威力に負ける場合は、グリップを強く握る時間帯が遅いことがしばしばある。矯正法として、初めからギュッと力強くグリップを握ると、面ブレが起きず力強いショットになる。

両極端を考えれば「ちょうどいい」が見つかる

松尾衛

パラメーター（やること）を減らしたあとに、そのパラメーターをどう変化させるか、これが大切です。「グリップを握る強さを緩《ゆる》めなさい」と言っても、実はなんのことかわからない。

握力が100キロある人の緩めた状態と、握力20〜30キロの人のしっかりと握った状態は、逆転する可能性があります。物理学者からすると、**最適解を見つけるためにパラメーターを変化させるときには、まず両極端を押さえます。**今回の場合は「目いっぱい緩める」ことと、その対極にある「目いっぱい握る」の両極を抑えることが重要になります。

例えば、地球には重力があるので、物を上から投げると落ちることは誰もが知っています。ただ、そこで考えを終わらせてはもったいないのです。重力がゼロのときと、重力が無限大のときの、ふたつのケースをあえて考えるのです。重力が無限大だと、ずっと地面にへばりついたまま。重力がゼロだと、宇宙空間にいるように浮いた状態でどこまでも飛んでいく。このように、まずは両極端を考えるのです。そして、両極端を考えたあとに、ちょうどいい現実を見つけるわけです。

今の話であれば、地球は適度な重力を持っている。人間の身体は地面にへばりつくわけではなく、かといって浮くわけでもない。でも、物は上から下にきっちり落ちる。あぁ、なんてバランスがいい所に住んでいるのだ、と考えるのです。この作業をテニスでも行なうと、その人にとっての最適解が見つかりやすくなるわけです。

だから、グリップをゆるゆるで握りたいなら、中途半端なゆるゆるではなく、目いっぱい緩く握る。ボールに弾かれ、ラケットがすっ飛ぶくらいゆるゆるで握ってみる。そして反対に、ギュッと強く握る。「これでもか！」というくらい、ギュッと強くグリップを握る。これも食わず嫌いせずにやってみる。すると、両極端を体験した人間の脳は、そこから最適解を見つけ始める。自分で修正をうまくかけるようになります。そうやって、脳機能に任せるといいでしょう。

両極端を知ることの大切さ。そして、そこから最適解を見つける脳機能の素晴らしさ。よく「脱力！」を強調される方がいますが、多くの場合、若いときに鍛えまくっている。鍛えまくって、故障して、どうしようかってときに「力を抜いたほうがいい……」となる。そうして体得した「力を抜く」技が、普通の人の「抜く」であるわけがないのです。両極端をやらずして、いきなり他人が長年かけて身につけた力を抜く技を追求しても、なにも見つけることなどできないわけです。まずは目いっぱいの両極端を知る。そして、そのあいだにある答えを見つける。このほうが、断然、自分に最適なグリップの握りの強さが見つけやすいと思います。

グリップを強く握って痛みが出たら？

田中信弥

ギュッと力を入れてグリップを握りながらも、うまく打てない人はいます。「ギュッとグリップを握って打つと、腕に痛みが走ります」と言われますが、これはグリップをしっかり握ったから出た痛みではないことがほとんどです。打ち方自体が間違っている。打ち方が間違っていると、ギュッとグリップを握ることで力の逃しどころがなくなります。すると、悪い打ち方をしている箇所にダイレクトに力がかかり、痛みを発症するのです。裏を返せば、悪い打ち方発見装置が、ギュッとグリップを握ることでもあるのです。

もちろん、**痛みが出たときは無理をしないでください。ギュッと強くグリップを握るのを一旦やめ、打ち方の悪い箇所を特定し矯正することを優先するのです。**そして、フォーム矯正が終わったら、「今度は正しい打ち方になっただろうか？」という確認も含め、再びギュッとグリップを強く握りボールを打つのです。

そして、もうひとつケガを発症させるのが、テイクバック時にギュッと強くグリップを握ってはいたが、インパクト時には力が抜けてしまうパターン。こうなると、打つ瞬間はボールの威力にラケットが負けることになります。すると、ラケットが不規則な動きを発生させ、その動きが腕に負担をかけることがあるわけです。

この場合は、早くにギュッとグリップを強く握りすぎたことが悪要因なので、強く握る時間帯を遅くします。具体的には、ラケットを振り出すとき。テイクバックではまだ強く握らず、インパクトに向けラケットを振り始めるタイミングでギュッと強く握ってください。

ただし、1点だけ注意があります。グリップを強く握るタイミングがあまりにも遅くなると、今度はインパクトに間に合わない危険性も出てきます。つまり、ギュッと強くグリップを握りボールを打ったつもりが、実は力が抜けたままボールを打っていた。こんな本末転倒を迎えることもありますので、振り始め直後にギュッとグリップを握ることを肝に銘じておいてください。

ポイント

グリップを強く握るだけでケガを発症することはない。ただし、打ち方が悪い場合に、グリップを強く握ると、力を逃がす場所がなくなりケガを発症することがある。

ゆるゆるだからラケットがしなるのではない

松尾衛

ヘッドスピードは、普通の人でも時速１００キロくらい出ます。そのときの遠心力は、普通の重力の１００倍くらいかかります。３００グラムのラケットを振ると、一瞬で30キロくらいの重さに変化するわけです。それは、グリップを相当強く握っても手首が負ける重さ。だからこそ、グリップをギュッと握ることは、決して不自然なことではありません。むしろ、当然なわけです。**グリップを強く握っても、時速１００キロで振ると手首やラケットは勝手にしなります**。あえて自分からゆるゆるグリップで握る必要性はまったくない。変に力を抜くことは意識せず、スイングスピードを出す。そうすれば、勝手にボールがうまく飛んでいく。この世界を目指すべきだと考えます。思いきり振っても、重さがあるものはそこにとどまろうとするので、ラケットは置いてけぼりになります。この遅延状態、いわゆる〝ズレ〟は、「ラグ」と呼んだりします。「タイムラグ」のラグです。勝手にボールがうまく飛んでいくために重要なのが、このラグの発生です。

このラグがいわゆる運動連鎖と密接に関係しています。足の裏→足首→ひざ→腰→肩→肘→手首と、少しずつタイムラグがありながらも、連続動作としてつながる運動。そして、その運動連鎖は、意識して起こすものではありません。思いきりラケットを振った人のみが手にできる、運動の神様からのプレゼントみたいなものなのです。

スローモーションで見ると、フェデラーは当たる瞬間にギューンとラケットがしなっています。いわば、ラケットヘッドが遅れた状態ですけれど、このラグは、意図的にヘッドを遅らせようとしてはうまく発生しません。今の話の場合、手首を強く固めようとすればするほど固いバネになるので、グリップをギュッと握ることは、ラケットヘッドを鋭く走らせる要因となるわけです。

ですから、世界トップ選手と同じようなラグで打つには、グリップをギュッと強く握り、ラケットと腕が一体化するくらい固め、思いきり振り抜くことが最優先だと思います。早く振り抜くほどにラケットに手首が負けやすくなり、ラグが自然発生し、さらに手首周りの強いバネによってボールを勝手に飛ばせるようになるわけです。

もうひとつ。スイングの振り出し時には、遠心力が発生します。その後、バネの力でうまくラケットヘッドが返ってくるのです。その際、腕が畳まれるように使われると、体軸に近いところで腕が回るので、回転のエネルギーとしては安定に向かい、さらに鋭くヘッドが加速します。

このふたつのことが組み合わさって、勝手にラグが起きさえすれば、自然現象としてなにも考えずにヘッドが加速するようになってくるのです。それを理解したら、固めるところは固めて、あとは必死になって回転で振り抜こうとします。すると勝手にヘッドが走って打てるわけです。

プロ選手はグリップをゆるゆるで握るのか？

田中信弥

ナダル選手を研究するコーチに聞くと、「ナダルはグリップをかなり強く握っている！」そうです。「なぜ、そんなことが言えるのですか？」と聞き返すと、こう答えました。

「彼はいつもテーピングを指先にたくさん巻いています。ほかのプロよりすごく強く握るからこそ、世界トップ選手でありながら手のひらに血豆ができるわけです。そして、もうひとつ。ナダル選手がボールを打ったときの、腕のスジの浮き上がり方。あのプロレスラーのような浮き上がり方は、力を抜いてグリップを握っていては決して出せない」

一般的には、グリップを強く握ると、腕、上体が固くなり、スイングのスムーズさが失われるといわれます。ですが、ナダル選手を見ればおわかりのとおり、そんなことはまったくない。なので、**グリップをゆるゆるで握るから運動連鎖がうまくいく、グリップを力強く握ると運動連鎖がうまくいかない**、とは言えないわけです。

そして、松尾さんの話を聞いて衝撃を受けました。ヘッドスピードは、普通の人でも時速100キロくらい出る。そのときの遠心力は、普通の重力の100倍。なので、300グラムのラケットは30キロくらいの重さに変化するといいます。
ナダル選手は、当然のことながらウィークエンドプレーヤーよりヘッドスピードは速いです。ということは、ラケットの重さは30キロ以上になるわけで……しっかりとグリップを強く握らなければ、ラケットがすっ飛んでいってしまうことがわかりますね。

ポイント

グリップを緩く握るとラケットはふらつく。
グリップを強く握るとラケットはしなる。

「プロネーション」の真実

松尾衛

先ほどは、ボールを飛ばすための話でした。今度は回転です。ただ、回転をかける動作も、スイングに自動的に組み込まれているのです。

腕の畳まれる方向が正しければ、ラケットヘッドは勝手に上に上がります。いわゆる「プロネーション動作」が働くからです。なので、下から上にラケットを動かすことでもトップスピンはかかりますが、スイングの際中にプロネーションがきちんと使われていれば、勝手にラケットヘッドが上に上がり、勝手にスピンがかかってしまうわけです。

テニスを始めたばかりのとき、ラグの動きを意図的にやろうとしたら、腕を痛めてしまいました。プロネーション動作とか「回内《かいない》動作」とか言いますけれど、これを意識でやったら、腕を痛めたのです。

その後、田中プロのDVDで、**「インパクトの瞬間を意識的に行なえるということは、ラケットを速く振れていない証拠」**と言われ、「あぁ、そうか。自分は自然に正しくプロネーション動作を行なったのではなく、間違ったことを意識的に行なったからケガしたんだ……」とわかりました。意識できない部分を意識的にやっているときは、余計なことをやっているとき、と理解しました。

回内とか、回外というのは、手首から先の動きだけでいえば、「手のひら返し」「手招き」「バイバイ」の3セットです。強いバネとして、ラケットが使われることが前提ですが、3つの動きは別々ではないので、ニュートラルな状態で組み合わせがうまく起こると、ラケットヘッドがきれいに走るようになるわけです。

だからサービスで、「プロネーションをかけましょう」と、単体で、独立で、プロネーションだけをクローズアップして練習させると、テニスエルボーなどのケガを発生させる人が多くなるのです。すべての動きはセットで、同時に起こっていて、自然に組み合わさっているわけです。

固体や液体など形を保てるものがどう変化するのかを見るときには、局所的なところだけポヨンと叩きます。で、叩くと、形を保つものは安定なところに戻ろうとするので「振動」が起きる。それはバネなのです。それが形を保っているものの本質なのです。ポンと叩いてバラバラ崩れたらそこにはバネはない。保持しようとする、元に戻ろうとする復元力を持ったものは、安定点の周りにバネの振動をしようとするのです。

テニスのショットでも、手首から先は微少に変化するバネと理解し、手首は安定な形を保とうとしてニュートラルに戻ろうとする。このニュートラル周りの強いバネの振動運動の性質だけを理解して、あとはなにも考えないのがいいと思います。

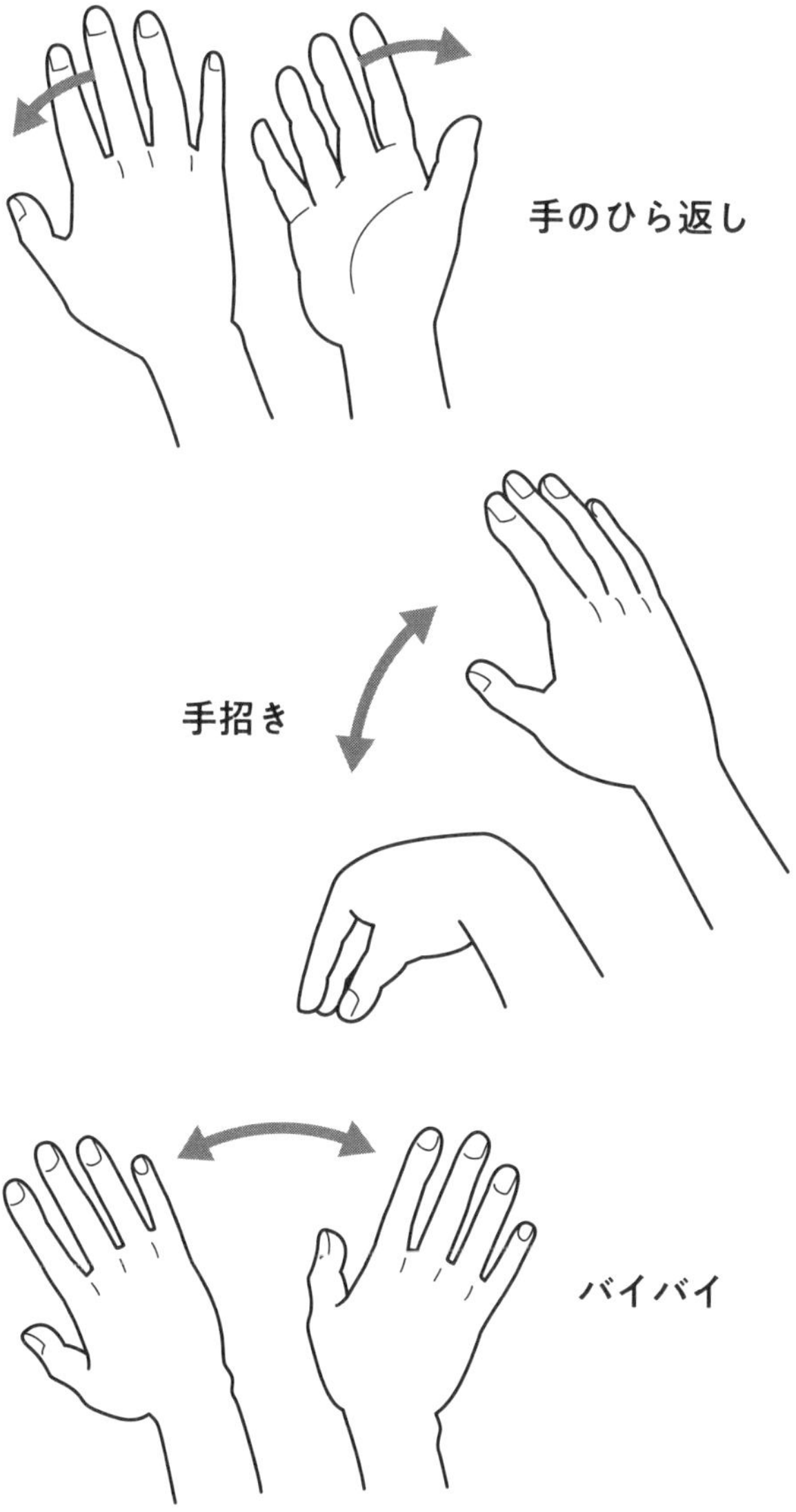

両手打ちバックハンドがうまく打てない方へ

田中信弥

両手打ちバックハンドについてお話しします。

「右手と左手のどちらに、より力を入れたらいいですか?」という質問を多く受けるのが両手打ちバックハンドです。聞かれた私は、「初めから両手打ちですか? それとも片手打ちから転向しましたか?」と、まずは質問をします。なぜなら、同じ両手打ちバックハンドでも、初めから両手打ちだった方と、片手打ちバックハンドからの転向組とでは、まったく指導法が異なるからです。**「うまく打てません」という方の半分くらいは、主導の腕を間違えていることが多い**です。

昨今、「両手打ちは左手のフォアハンドです。なので、左手に力を入れてくださいね(右利きの方の場合)」という指導が主流です。もちろん、間違いではないのですが、利き手を主流にしたほうが、圧倒的にうまく打てる方もたくさんいるのです。それは、片手打ちバックハンドから両手打ちバックハンドへの転向組です。彼らは、片手打ちバックハンドの身体の使い方が身に染み込んでいます。そこにいきなり、「左手のフォアハンドです」と、まったく違う打ち方を導入すると、身体が拒否反応を起こす。で、「力が入りません」「うまく打てません」となるわけです。

テニスを始めたときから両手打ちバックハンドのプレーヤーは、反利き手に力を入れて打つほうがうまくいくケースが多い。彼らは片手打ちバックハンドの身体の使い方を知らないので、絶対ではないですが、反利き手のフォアハンドを打つほうがしっくりくるのです。

1980年代頃までは、元世界チャンピオンであるビヨン・ボルグ氏やマッツ・ビランデル氏を代表とする、利き手主導型の両手打ちバックハンドの選手がたくさんいました。いわゆる、片手打ちバックハンドに反利き手を添えた形の打ち方です。それが1990年代に入ると、マイケル・チャン氏やアンドレ・アガシ氏を代表するように、反利き手主導の両手打ちバックハンドを打つ選手ばかりとなりました。理由は「より強くボールをひっぱたけるから」。そこで「両手打ちバックハンドは左手のフォアハンド（右利きの場合）」という概念が強く確立されたわけです。

ただ、**人の身体は理論どおりに動かないことも多い。片手打ちバックハンドの打ち方が身体に染みついているのに、反利き手のフォアハンドを打つように変えるのは想像以上に難しい**のです。なので原則は、その人の身体が覚えている打ち方を生かしてあげる。このほうが、過去の指導履歴を紐解《ひもと》いても、圧倒的にうまくいくケースが多いのです。もちろん、「どうしても反利き手のフォアハンドとして、両手打ちバックハンドを打ちたいです」と、直訴される方もいます。そんなときには、「両方の打ち方を試してみましょう」と伝えます。そのうえで、しっくりきたほうを選択してもらう。すると、納得感を得たうえで、その後の練習に励むことができるのです。

自然とヘッドが上がる動作を利用する

松尾衛

田中プロのバックハンドの打ち方は、とても理解しやすいです。しかし、物理的な観点から申し上げると、「下から入る」は少し微妙な表現のように思えます。本当に下から上にラケットを振ってしまう可能性があります。「上から被せるわけではない」や「上から叩き込むのではない」という表現で、**「真横からラケットを入れるんだけど、自然とヘッドが上がる動作を利用する」**が正しい説明かなと思います。

私は1年半くらい前から、片手打ちバックハンドに変えました。それまでが、両手打ちバックハンド。うまく打てなかったのです。レッスンにせよ、書籍にせよ、両手打ちバックハンドには「反利き手に力を入れて打つ」という教えが圧倒的に多いですが、利き手である右手主導で打ってもいいという話をもっと早くに知っていたら、もしかすると片手打ちバックハンドに変えなかったかもしれませんね（笑）。

あと、初級者クラスでは、フォアハンド中心の練習ばかり。ゲーム練習でも、すべて回り込んでフォアハンドを打てるほどのボールしか飛んでこない。なので、両手打ちバックハンドは練習不足です。どうせ練習不足なら、「バックボレーの延長線上でもある、片手バックハンドのスライスしか打たない」と決めたのです。1年半くらいは、そのまま片手バックハンドのスライスばかりを練習していました。

そんなときに、田中プロのセミナーを受講して、ハンマーグリップも含めて、「片手バックハンドはこうです」と教えてもらい打ったら、バコーンとすごく飛んだのです。よくよく考えると、その打ち方は10歳の頃にやっていた「居合い抜き」の動きに似ていて、一瞬で片手バックハンドがはまったわけです。

ポイント

片手バックハンドをうまく打つ極意は、お侍の〝居合い抜き〟の動作にあり。

片手バックハンドは居合い抜き

田中信弥

私は『居合い抜き理論』を発表しています。**片手打ちバックハンドをうまく打つための極意のひとつに、居合い抜きの型を真似るというものがある**からです。

この理論は、１９８０年代の世界チャンピオンで、マレー選手を世界ナンバーワンに導いたことでコーチ手腕も高く評価されるイワン・レンドル氏、彼の片手打ちバックハンドからヒントを得ました。そう、まさに彼の打ち方は居合い抜き。武士が襲いかかる敵に対し、鞘《さや》から刀を抜く様相で片手バックハンドを打ったのです。

マスターするには、まずはネットに正対し、コートに左膝をつきます（右利きの場合）。右足は、ひざ裏の角度を約90度に保ち、足裏をコートにつけます（相手コートに膝頭を向けた状態）。そして、左腰に刀を差すようにラケットを構える。このとき、グリップエンドは相手コートに向いています。

この状態をつくったら、手出しであなたの近くからボールを出してもらい、打つのです。身体はできるだけ動かさず、ラケットだけを鞘から抜くように出して打ってください。すると、まさに居合い抜きを行なっているような気分で、片手バックハンドが打てるでしょう。

このメソッドは、日本人には認識しやすかったみたいで、片手打ちバックハンドがうまく打てない人をたくさん救うことができました。

片手バックハンドは、正しい型をつくるまでが難儀。なので、「居合い抜き理論は型が簡単につくれる」と喜ばれたのです。

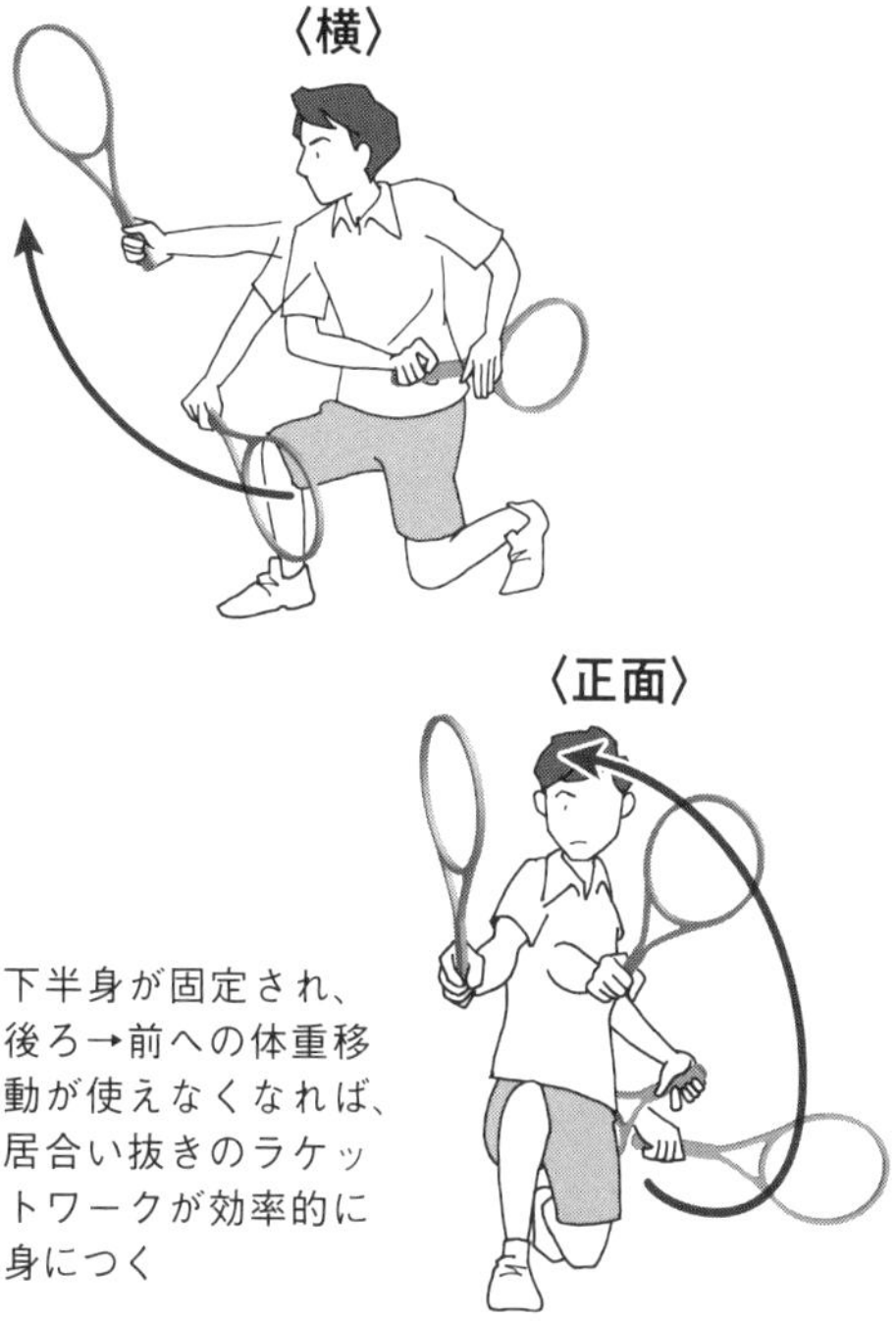

下半身が固定され、後ろ→前への体重移動が使えなくなれば、居合い抜きのラケットワークが効率的に身につく

ポイント

下半身を固定し体重移動しながらは打たない。グリップエンドから振り出し、フィニッシュではラケットヘッドを最低でもネット方向に向ける。

二次元情報をそのまま受け入れない

松尾衛

居合い抜きは、まさに型なので覚えやすい。以前私は、両手打ちバックハンドは、動作としてはシンプルだと思っていました。だから、両手打ちバックハンドにするほうが簡単に上達すると考えたのです。スクールのコーチも、両手打ちバックハンドのほうが早く上達すると言っていました。誤解でしたが、シンプルであることと、自分がしっくり打てることとは、やっぱり違うということがわかりました。

腕を痛めたことがあり、最大の原因は手でラケットを引いていたようなのです。片手打ちバックハンドだと、手だけでラケットを引けますよね？　だからそのときの私の映像を見たら、ラケット面がネット側から見えるのです。本来はグリップエンドが見えなければならないのに。だから腕を痛める結果になったのですね。

なぜ私がラケットを手で引いてしまったのか？　お手本にした写真や映像が、二次元情報だったからです。二次元情報は、画像で平面的なので、幅や奥行き、高さがわからない。これが大問題で、なんの因果か手でラケットを引いているように見えてしまったのです。多くのウィークエンドプレーヤーの方も、二次元情報を参考にして頑張ったりしますが、正直、これが上達を阻む一要因になっていると思うのです。

これはとても重要で、**二次元情報から三次元情報を読み取るのは、極めて難しい。**テレビで見る映像でも、ナダルのトップスピンが山なりになっているのがわかりにくいのです。ところがユーチューブなどの練習映像だと、ナダル目線で見られるので、ネットの3倍くらいの高さにボールが飛んでいるのがわかるのです。これも二次元情報の危うさを示す例です。

上り坂に向かって打つ

田中信弥

二次元情報と三次元情報の違いは、とても重要です。このトリックアートのような世界にだまされると、「上から打ち下ろす」「後ろから前へ運ぶようにして打つ」などの地雷アドバイスが飛び交うことになるわけです。

「球がどうしても浅くなる」「弾道を高くしたいがうまくいかない」という悩みを聞きます。意識して練習はするが、うまくいかないそうです。そんなときには、『坂道イメージ法』をおすすめしています。

ご存知のとおり、テニスコートは地面と平行につくられています。そのコートを、頭の中のイメージで上り坂にするのです。あなたの立っている場所が坂下。相手コートが坂上です。そして、坂下から坂上に向かってボールを打つ。このイメージを持ちながら、実際にテニスコートでボールを打つと、「深い場所にボールが飛ぶようになりました」「弾道が高くなりました」と、悩みを解決されるのです。

坂上にボールを打つイメージは、現実世界でいえば、空や天井に向かって打つことになります。

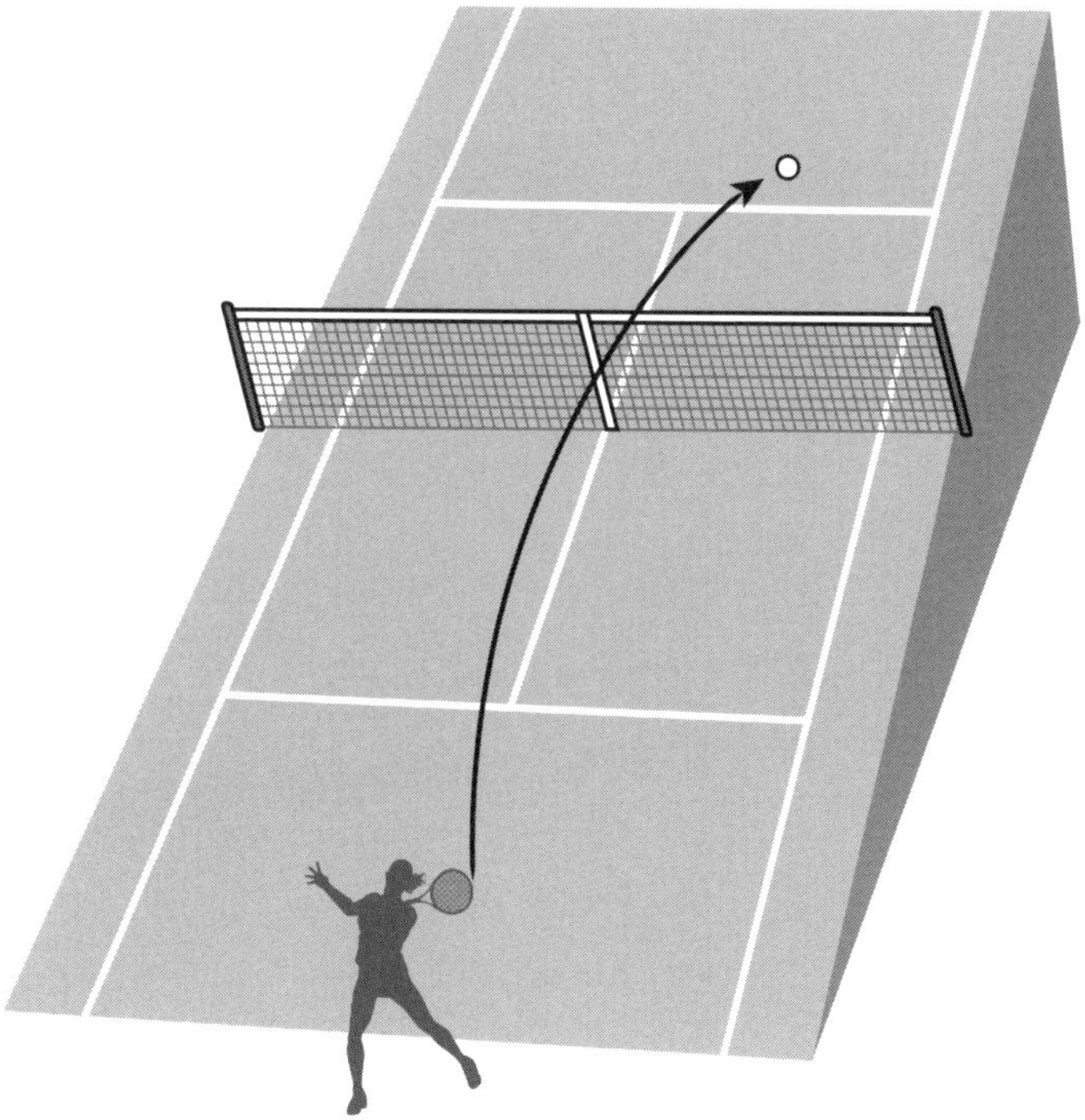

頭の中に坂道コートをイメージ。
次に、坂下から坂上にボールを
打つようにスイングする。これで、
高く深いボールが相手コートに飛んでいく

すると、当たり前ですが弾道は高くなる。イコール、距離が出る。相手コート深くにボールが着弾するようになり、対戦相手から簡単に攻められることが減るわけです。

ここで重要なことは、ただ単に高い球を打つのではないということ。単に高い球を打つとなると、極論、ロブでもよいわけです。でも、求められている球質は、相手に攻められないボール。なので、単に弾道が高い球では、要諦《ようてい》を満たせていないのです。

そこで、**頭の中で坂道コートをイメージして打てば、同じ高いボールを打つにしてもロブにはならない。**コートを斜めにイメージするだけで、打つボールは通常のストロークと同じだからです。そのため、弾道は高くても威力のあるボールが飛んでいく。これが、坂道イメージ法のすごいところです。

ポイント

〝坂道コート〟をイメージすれば、威力のある高く深いボールを打てるようになる。

究極の打ち方「ホバリング」理論とは

松尾衛

高い球をうまく打つ、威力のあるボールを打つという話となると、「ホバリング」についても説明しておいたほうがよさそうですよね。

ホバリングとは、ヘリコプターが空中の同じ位置で、ジィ〜っと止まっている状態を指した言葉です。私が、「テニスのうまい人はホバリングが発生している」と思ったきっかけは、スピンを自在に操る田中プロのボールを見たときです。打ったあと、漫画のようにボールがその場で一瞬止まったように感じる。そして、そこから再度、ボールが進み出す。そんな、錯覚のような現象が見て取れたのです。

本物のスピンがかけられない人は、ただバーンと弾いたボールが飛ぶだけ。なので、コートの中に入るときもあれば、大アウトすることも多い。いわば、ギャンブル的なショットなのです。

本物のスピンを打つ人は違います。ボールがガットに戯《たわむ》れるように、回転のかかる時間がある。なので、すぐには飛んでこない、むしろ遅いボールが飛んでくるイメージなのです。そして、回転がしっかりかかったボールが地面に落ちると、これまたすごい。遅いボールであったのに、弾みだけはものすごい速さなのです。この落差。遅いボールがガットから飛び出したと思ったら、弾んだあとは強烈な跳ね方をする。このギャップ現象を起こせるのが、トップレベルの人の特徴だと思ったのです。

それが先ほどの「ラグ」につながります。手首が一瞬ラケットに負けてラグが起きると、フッと一度ボールをつかんでから放たれるショットとなるのです。「キャッチ&リリース」ですよね。バレーボールなら、トスを上げるときの感覚です。フワッと、一度ボールを持ってから、打ち上げるような。程よくバネが利いてポーンと打ち上げるわけですね。

世界トップ選手のスーパースローを見れば、すぐにできそうな感覚になります。でも実際に自分がラケットを振るときは、スーパースローではない。高速スイングを目指しているわけですから。つまり、見るのとやるのとでは大違い。スーパースローで見たものを、高速スイングの中に落とし込むという作業ができるか否《いな》か？　ここで、本物になれるか、ニセモノで終わるかが決定してしまうわけです。

インパクトは神の領域

田中信弥

キャッチ&リリース

ボールがガットに当たり、次に飛び出すまでの時間は1000分の3〜7秒です。なので、ボールは一瞬でガットから飛び出す。つまり、ホバリングでボールが空中浮遊することは、実際にはありません。ただ、うまい人のボールの飛び出し方を見ると、確かにボールが空中浮遊しているように見えます。なぜか？ それは、いいあんばいにラケット面がボールの威力に負けているからです。

ボールの威力に、少しだけラケット面が負けるとどうなるのか？ 一瞬たわむ。ガットだけでなく、ラケットのフレームにも、一瞬たわむ動きが出るのです。この科学現象を、我々の肉眼で見地すると、ホバリングになるわけです（ラケットを振ったあとに、遅れてボールが飛び出すように見えます）。つまり、これは認知錯覚なのです。

ホバリング現象を生み出せる人は、テニスがものすごく上手な人だけです。なので、**超上級プ**

レーヤーである証《あかし》がホバリング現象であり、目指してもらいたい高みでもあります。

ホバリングの確認は、世界トッププレーヤーの動画でできます。彼らのストローク動画を、スーパースロー映像で見る。すると、ラケット面がボールの威力に微妙に負けながら、ボールが飛び出していく様が確認できるでしょう。

ホバリングという言葉になじめない方には、「キャッチ&リリース」と、言葉を換えてお伝えしています。うまい人がセッターをするバレーボールでは、トスを上げるときにボールが手にくっついているように見えます。一度ボールをキャッチし、そのあとに手で押し上げているようにさえ見える。これが、キャッチ&リリースです。もちろん、キャッチ&リリースは反則です。なので、実際には行なわれてはいないのですが、私たちの目にはそのように映るわけです。

危険なコーチング

インパクトゾーンを指導されるのは危険です。インパクトゾーンは神のみぞ知る世界、人間の感覚では意識できない世界だからです。なので、インパクトゾーンの指導は理論だけ。世界トップ選手のスーパースローを見せ、理解してもらうだけにとどめる。そして、実際にコートでボールを打つときには、インパクトの話はしない。高速スイングを目指し、ホバリング現象が自然に生まれるように仕向けます。いい意味で、理論と現場を混同させないようにするのです。速いスイングスピードでラケットを振っている。だから、インパクト付近でなにが起こっているのかはわからない。これが正しい現場感覚です。

私は、「内包」という言葉を好んで使います。インパクトは、テイクバックとフィニッシュのあいだに内包されている。なので、意識できるテイクバックとフィニッシュをきれいに行なう。すると、内包されているインパクトもきれいな形となっているという考え方です。

もちろん、インパクトゾーンは誰もが気になります。なので、好奇心は持ってもいいわけですが、好奇心＝うまく打てるわけではない、ということも理解しておくことが大切です。スーパースローで、**世界トップ選手のインパクトゾーンを見て納得したら、自分がラケットを振るときには忘れる。**こんなコントラストをつけられるといいでしょう。

とにもかくにも、インパクトゾーンは速すぎて意識できない。これが基本の考え方となります。逆に言うと、**インパクトゾーンを意識できるということは、まだまだスイングスピードが遅いということ**です。つまり、超上級の証、ホバリング現象、キャッチ＆リリースの感覚は絶対に手に入らないことが確定しているわけです。

スライスショットも同じです。「スライスはゆっくりとボールを運ぶように打つ」といわれますが、**ウインブルドンの回転数データを見ると、ナダル選手のトップスピンとフェデラー選手の**

スライス回転量は同じくらいです。つまり、「スライスはゆっくりとボールを運ぶように打つ」は、都市伝説的アドバイスであることがデータからもわかるわけです。フェデラー選手のスライスは、やはりガットにボールがくっつくようなホバリングやキャッチ&リリース現象がはっきりと見られます。このことからも、スイングスピードに速さがあることがわかります。

さらに言えば、後ろから前に運ぶスイングではなく、左から右にラケットを振り抜く姿が映像から見て取れます。なので、逆回転が大きくかけられ、トップスピン同様、コートの中にボールが収まりやすいわけです。そして、その打ち方をボレーにも応用するため、ものすごく速いパッシングショットを打たれても、ネット際にぽとりと落ちるドロップボレーを打てるのです。

ポイント

「スライスはゆっくりボールを運ぶように打つ」は間違い。インパクトゾーンは速すぎて意識できないくらいが理想。超上級の「ホバリング現象」はその先にある。

テニスはバネでできている

松尾衛

テイクバックとフォロースルーだけを意識し、神の領域（1000分の3〜7秒の世界）であるインパクト付近を意識しないということですが、実際に私が気をつけてやってみると、スイングスピードが2割増しくらいになりました。ただ、「インパクトを見ないように」「インパクトを意識しないように」と言われても、納得できない人もいると思うのです。

そのためにも、**見ない代わりに徹底的に微少な動作だけは理解しておくこと。物理現象として勝手にそのことが起こると理解できればインパクト部分は意識しなくなり、無理に自分でラグを起こそうとしないはずです。**あくまでラグは、回転運動によって勢いよく振れば起こることですから。世界中の、形状を保とうとするありとあらゆる物がバネとして振動するのが物理法則だからです。

神の領域には触れない。でも、理解はしっかりする必要があります。

テニスのショットとつながる物理の話で、「遅れて伝わる」という現象があります。これは、ダイナミックに動く物の基本的な性質です。例えば、空気の振動が遅れて伝わるから、声が聞こえます。変化するものを最もシンプルに捉える究極の単純化した姿です。

私は物理の研究をしているので、世の中を常にそういう見方で眺めることが身体に染みついているのですが、これは言い換えると、世の中をバネの集まりで理解しようとすることです。

世の中はバネで溢れ返っています。バネの振れ幅が小さいところだけは手軽に計算できます。しかし、振れ幅が大きくなると、どんどん複雑になります。そうならないためにも、最重要箇所を特定して分離します。分離して、安定するものを見つけ出して、安定したところに少しだけ外から衝撃を与えてあげて、それだけ計算するのです。

きっとテニスも一緒なので、手首周りの微少なバネをしっかり理解することを心がけています。手首の振れ幅が大きくなればなるほど打ち方が複雑になるため、自分で手首を動かすのではなく、ほかの運動の結果、バネで手首が勝手に動くという認識でいます。

私は初めに手首を痛めました。股関節を入れて上体をひねったとき、腕を引いてしまっている人は背中越しに肘が見えるのです。私はさらにひどくて、背中越しにラケットヘッドまで見えていました。準備段階でやっていたからケガのもとになったのです。

やはりバネのイメージが重要で、勝手に戻ってくることを理解しておかなければいけません。バネは、振れ幅が大きければ大きいほど戻るのが大変ですから。戻らずに伸びきる可能性もあります。

呪文によってスピンをかける

田中信弥

スピンのかけ方について、よく聞かれます。「スピンは自分でかける意識を持つべきでしょうか？　それとも、思いきり振りきれば勝手にスピンがかかるのでしょうか？」というように、スピンをどのようにかけるかを知りたいようです。

理論的には、きれいな身体の回転運動、理にかなったスイング軌道があれば、意識しなくてもスピンはかかります。ただ、理論どおりにいかないのがテニス。なので、スピンをかける意識は持ったほうが現実的でしょう。

ひとつ試してもらいたい動作は、ボールを打つ瞬間から振った直後くらいに、ラケットヘッドを立てること。難しい話はさておいて、まずこの単純な動きを試してください。正直、**このラケットヘッドを立てる動作がうまくできるだけでも、勝手にスピンがかかるようになったプレーヤーがたくさんいます。**

ただし、注意点があります。インパクト付近の話ですから、意識を強く向けないで行なってほしいのです。どうやるのか？「ラケットヘッドを立てよう」と、心の中で呪文をかけてください。冗談ではありませんよ。人の意識とはすごいもので、呪文を唱えただけで、身体はそれほど意識をしなくてもラケットヘッドが立つものです。

続いて、ラケットダウンです。理論上、ボールの下からラケット面が入ることで、スピンがかかります。なので、世界トップ選手も、ボールを打つ前はラケットダウンが起こります。ただし、ラケットダウンは、ラケットヘッドを立てる以上に、意識に気付かれないようにしてください。意識的にラケットダウンをするプレーヤーをたくさん見てきましたが、そのほとんどの方が取ってつけたようなラケットダウンとなり、スイングスピードを失い、それまで以上にスピンがかからなくなったからです。ですから、世界トップ選手のラケットダウンも、スーパースロー映像では顕著に現れていても、本人の中では無意識に行なっていることがほとんどです。

ということで、こちらも呪文。**「ラケットダウンができればラッキーだなぁ」くらいの気持でボールを打ってください。**

スピンは意識してかけると言いながら、意識に気付かれないようにする。なんとも摩訶不思議な話ですが、現場的なアドバイスとはこのようなことも含んでいるのです。

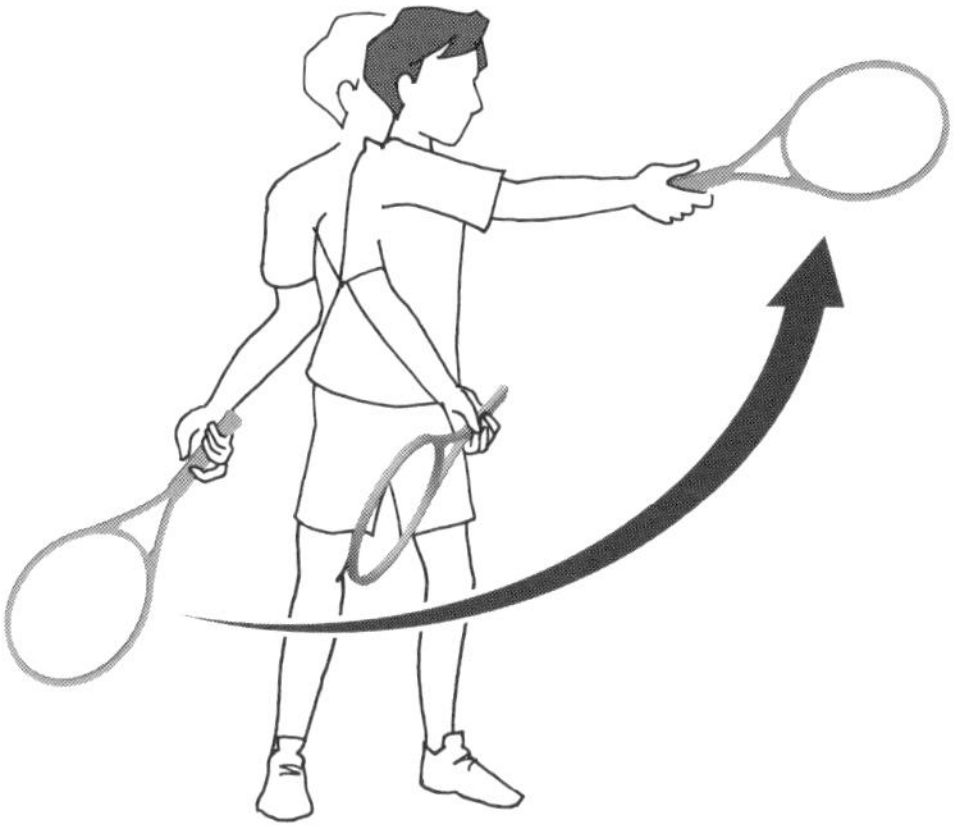

NG 初めからヘッドダウンさせてしまっている悪い例。これでは質のよいスピンボールは打てない

OK インパクト前の一瞬、ラケットダウンが起こり、そこからインパクトへ向かう好例

ポイント

スピンの正しいかけ方。テイクバックでは「ラケットダウン」は意識せず、ボールのインパクト直前から直後に「ラケットヘッドを立てる」イメージをもつ。

強烈なスピンを生み出すテクノロジー

松尾衛

スピンがかからなければ、ホームランすることも多々あります。スピンをかける意識とテクノロジーの相関関係は、誰もが知りたいところです。大切なのは、ヘッドを早く立てること。これが最低限できないと、スピンがかからないということですね。

私は最近、徐々にスピンがかかるようになってきましたが、それまではなかなかスピンがかからずに弾き打ちになっていました。それは「下げなければいけない」という意識があったからです。ヘッドを下げて、上げる。これは挙動がふたつありますよね。このようにふたつの挙動があるものは、瞬間的な動作にはだいたい役に立たないのです。なので、**ヘッドを下げる動作はもちろん存在するのですが、あえてヘッドを上げる動作に限定して行なっています。瞬間的な動作の中では、ふたつの動きを上手に行なうことが難しいからです。**

田中プロの教材で、『素振り上達プログラム』がありました。そこに、ラケットを短く持ち、ヘッドだけを振る動作が収録されていました。これを見たとき、本当に驚愕しました。私がそれまで意識していたのは、下げて、上げるという「ワイパースイング」と呼ばれるものでした。下

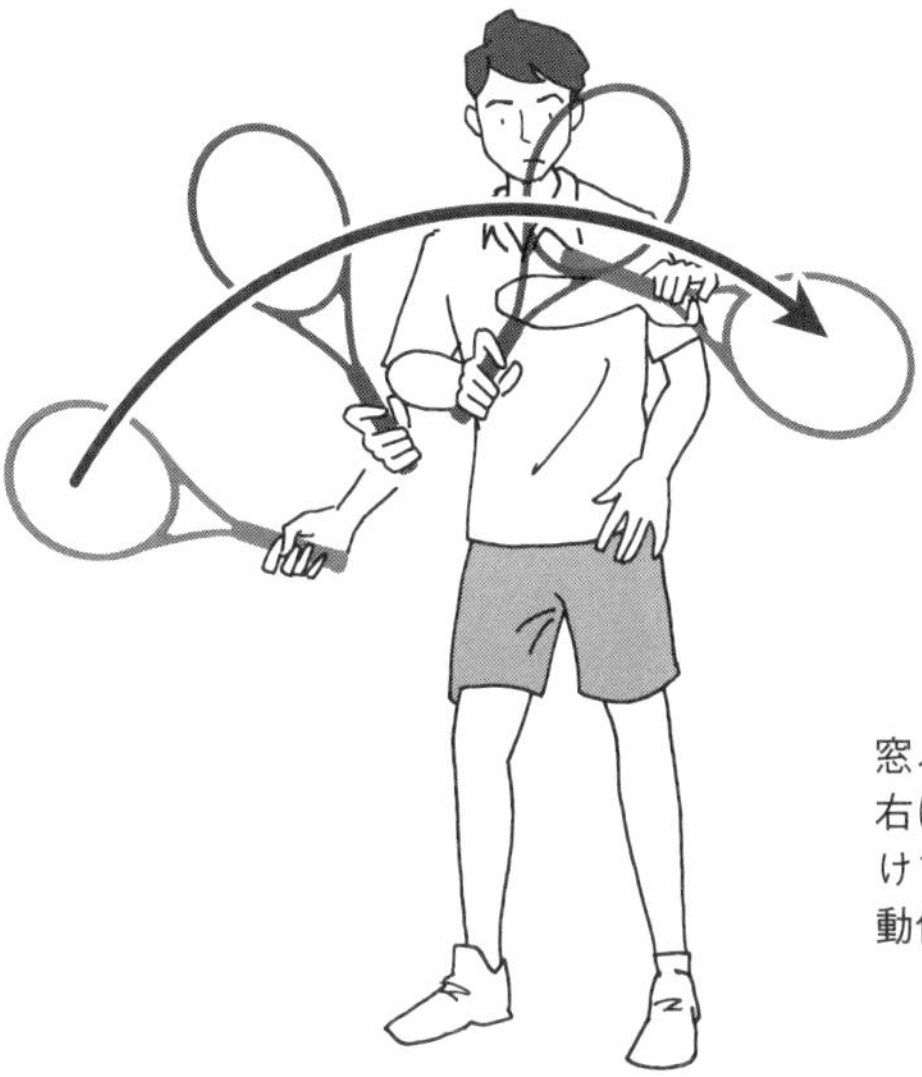

窓ふきのように、小さく左右にラケット面を動かすだけで、スピンをかける基本動作を覚えられる

げて、上げて、下げるというマクロな曲線のすべてが成功しなければ回転がかかりません。でも、ラケットを短く持つし、最終局面の上げたところから下げるだけで、うまくスピンがかかるのです。

ラケットが振りきれない人を観察していると、腕を背中側に持ってくるようにテイクバックしています。すると当然、インパクトまでラケットを戻すのに長い距離となる。すごく長い距離を、きれいな曲線で振り続けるのは本当に難しい。まさにカンナ理論で、いきなり熟練の大工さんのように、長い木を一気にシュゥ～ときれいに均等な薄さで削るようにスイングしろという話ですから、かなり無理があるわけです。だからこそ、ヤスリ理論。インパクト付近だけをきれいなスイングで振る。スピンをかける打ち方なら、ラケットヘッドを上げて、下げる。これを意識するだけで、かなりうまくスピンの利いたショットが打てるようになります。

ヘッドダウンを意識して行ない、それでもうまく打てる人は、一瞬でやらなければならないことを理解しているからではないでしょうか。「下げてから上げる」ではなく、「下げ！　上げ！」を一気に行なう。この重要性に気付いている。私はそれがわからなくて、最初は苦労しました。

ガットにボールが当たる瞬間は「ラグ」。インパクトの瞬間に手首周りの強いバネによってどれだけヘッドが加速してボールをつかまえているか、そこだけが重要です。そのため、インパクトの瞬間は意識してはいけないですが、同時になにが起きているかは徹底的に理解しなければいけない。そのためには、やはりヘッドを立ち上げることを徹底的に刷り込む。つまり、まずはヤスリがけを上手に行なうことが大切となるわけです。

「手招き」が飛ばしにつながります。羽子板をするときの手の動きですね。横振りで羽子板の手首の動きを行ないます。そうすると、強烈なストロークが打てるわけです。ただ、それだけだと、スピンがかからない。なので、手首をニュートラルな状態のままでひねる動き、「手のひら返し」を行なうことで、回転をかけるわけです。そのふたつの動きを両立させる。そう理解したとき、私も初めて力強いスピンのかかったボールが打てるようになりました。

「手のひら返し」をしているのに回転がかからない場合には、手首を緩めすぎてしまって、バネとしての振れ幅が〝ぎっこんばったん〟といった感じで大きくなりすぎ、ボールのインパクトの瞬間にニュートラルな状態の手首周りで強いバネの振動が起こせていない可能性があります。固いバネの微小振動を意識することで、インパクトの瞬間にラケットヘッドがしっかりと立ち上がれば、しっかりとスピンがかかります。

逆に、いわゆるワイパースイングを意識しすぎて「手のひら返し」だけでスイングしてしまうと回転過多で威力のあるボールが打てません。その場合には「手招き」の成分を増やします。

物理用語では、「手招き」に相当するバネ運動は「たわみ振動」、「手のひら返し」に相当するのが「ねじれ振動」と言います。強烈なスピンをかけるためには、ニュートラルな状態の手首にたわみ振動とねじれ振動を両立させるということです。

私の研究分野では、数ミクロンという小さな世界でそのふたつの振動が出現します。髪の毛の太さが100ミクロンくらいなので、それをさらに100分の1くらいにした世界ですね。たわませたり、ねじれさせたりして、電子のスピン方向を変える。それが、テニスのホバリングを発生させる手首の動きと本質的に同じだと気付いたときは、自宅で思わず大声を上げましたよ。「電子のスピンと一緒じゃーん‼」って（笑）。

スプリットステップは必要かどうかの考察

松尾衛

もうひとつ、かなり多くのウィークエンドプレーヤーが間違うことに、「スプリットステップ」があると思っています。これは「ステップ」であって「ジャンプ」ではない。それなのに、多くの人はジャンプするのです。

これについては、田中プロ主宰の『瞬間直し実践会』の会員専用掲示板で、「トッププロは、スプリットステップがピタッと合いますが、自分はズレてしまいます。原因はなんでしょうか?」という質問がありました。私はそれ以来、スプリットステップってなんだろうかと、ずっと考えていたのです。

結局、**「ジャンプするからタイミングがズレるし、疲れもするのだ」という答え**になりました。

ジャンプは、しゃがむ、飛ぶ、着地という3挙動があります。ステップは、カクンと股関節を抜きさえすれば済む動作です。ただ沈み込む動作です。3挙動でリズムを合わせるのは難しいし、そもそも疲れている身体にムチを打ってジャンプを行ない、タイミングが合わないのは本末転倒だと思いました。

しゃがむ→飛ぶ→しゃがむのスプリットステップは、脚力のないウィークエンドプレーヤーには難しい

これもウィークエンドプレーヤー視点か、コーチ視点かで変わる問題ですよね。コーチ視点だと、「コートから足裏が浮いている＝ジャンプ」となります。ところが、自分の重心をストンと落とすだけで、足の裏はコートから浮くのです。これがステップ。ヒップホップでは、速い曲に合わせて踊ることがありますが、そのとき、結構な割合で足裏が浮いている映像を見たことがあるかもしれません。そう、ジャンプしている時間はないので、ステップを踏むことで、タイミングを合わせたりしているわけです。

スプリットステップは、次の瞬間に速く動くためとか、バランスを一度リセットするために行なうといわれますが、実はステップを踏まなくてもバランスのリセットはできます。

自分の感覚の中で行なう重心操作や、どんな体勢からでも立て直せるようになる訓練は、スプリットステップなしでもできる。実際、格闘技経験者は重心を立て直すためにわざわざステップを踏みません。

テニスの場合、格闘技と違い、直接に身体をコンタクトさせるスポーツではないので、なんの損もない。スプリットステップをうまく踏めばタイミングは合わせられるし、それが洗練されるとプロの動きに近づくことができるのだと思います。ただ、多くの人が行なっているのはスプリットジャンプ。なので、ウィークエンドプレーヤー視点として、重心を下げ、沈み込む動きができれば、現場主義的なスプリットステップができるのではないかと考えています。

ポイント

スプリットステップは「ジャンプ」するのではない。身体を沈み込ませる「ステップ」の動作だけでよい。

スプリットステップは沈み込む動作

田中信弥

スプリットステップについては、かなり多くの質問を受けます。例えば、「対戦相手が打つときにスプリットステップを入れろとコーチに指示され、ダブルスの前衛にいるときに試してみると、次の瞬間にはボールが飛んできていて、結局は振り遅れます。どこが悪いのでしょう？」とか、「スプリットステップをすると、ポーチに出るのが遅れます。なにが悪いのでしょう？」という質問です。

44年以上、テニスを見てきていますが、ウィークエンドプレーヤーは正しいスプリットステップを習っていません。世界トップ選手が、常人離れした筋肉量によって沈み込む動作を行なうと、地面を蹴る力が強く、大きくジャンプしてしまいます。これをやみくもに真似させられたら、私も含め、たまったものではありません。あなたも経験があるでしょうけれど、極めてぎこちないジャンプをすることとなります。筋肉量がなければ、大きなジャンプは発生しない。筋肉量が少なければ、たとえジャンプしたとしてもごくわずか。これが自然な姿です。

そのため、**ジャンプは一旦忘れ、沈み込む。**これを強く意識してください。すると、対戦相手

沈み込む動作そのものがスプリットステップ。ジャンプをするのではなく、あくまで沈み込んだ勢いによって少し身体が浮き上がるだけの話。これなら相手ボールにも対応できるようになる

のボールに遅れないスプリットステップとなるでしょう。

当然私も、20代の現役時代と50代の今では、飛び上がる量が著しく変わっています。ジャンプしてしまう姿は年々影をひそめ、年を重ねれば重ねるほど沈み込むだけのスプリットステップが多くなっています。

無用なジャンプはしないでください。沈み込みを目指した結果、筋肉量が多い人はジャンプが大きく出てしまい、筋肉量が少ない人は、足裏が地面から少し浮くだけ。これが現実です。

股関節ロックの考察

松尾衛

それと、股関節ロック（スクワットポジションをキープ）ですが、コーチが「腰を落とせ」とアドバイスすることがあります。このアドバイスが、極めて微妙。ヒップホップをやっていたときにも、「腰を落とせ」と言われ、うまく股関節を畳めなくて、膝だけを曲げたのです。すると、とても疲れるし、インストラクターの方とは似ても似つかない動きになってしまった。

「腰を落とす」という表現より、「正しいスクワットの体勢」という表現のほうが正確に伝わると思います。しかし、スクワットにも深さがありますよね。フルスクワットのように、膝を深く曲げるスクワット。ハーフスクワットのように、膝裏の角度が90度となるもの。そして、もっと浅いスクワットポジションもあります。言うなれば、ほとんど突っ立ったままの状態。この状態でも、股関節がきちんと畳まれていれば、スクワットポジションとみなされるわけです。

田中プロを見ていても、股関節を入れたまま歩いています。なので、**「股関節ロック（スクワットポジションをキープ）＝深く膝を曲げる」ではない**ことを認識してもらいたいのです。

「股関節を入れる」というイメージがない人は、「入れる」と聞くと、ものすごく深く膝を曲げ、腰を大きく落とそうとするのです。そんなに頑張らなくても、股関節は入りますよ、とお伝えしたいです。

合気道や柔道の高段者も、常に股関節が入った状態で歩いています。不意打ちで、どこからタックルされても倒れない状態で歩いています。長年の蓄積で、そういう身体になったのでしょう。

田中プロが主宰する『瞬間直し実践会』の会員さんと話していたとき、「達人やテニスのうまい人は、骨を意識して身体を使っている」と言われたのです。まさにそのとおりで、普通は筋肉を動かすことを考えるのですが、骨に着目しないと再現性の高い動きがマスターできないのです。

ポイント

腰を落とすとは、正しいスクワットポジションをつくる動作なり。そして、スクワットポジションをキープして打つ呼称が「股関節ロック」。

スクワットポジションをキープしてひねる

田中信弥

現役時代、ソニーのフィットネス研究所に通いました。日本の有名アスリートがたくさんトレーニングに来るのですが、入った当初、私だけが重りを持ったトレーニングをさせてもらえない。周囲は、重いバーベルをガンガン上げる人ばかりなのに、私はひたすら自体重のみでトレーニング。一応はプロテニスプレーヤーですから、プライドもあり、本当に恥ずかしい。でも、ボクシング出身のトレーナーからは、「田中さん、もっとお尻を突き出してスクワットしないと。今のままでは、自体重が太ももの前筋肉にかかり、つらいだけですよ。骨です、骨。股関節に自体重を乗せるのです。これじゃぁ、いつまでたってもバーベルを使ったトレーニングに移行できません！」と、お叱りの連続でした。

ただ、その経験のおかげで年齢を重ねた今も、正しい土台の上でスイングができ、軸ブレしないテニスが実現できています。

股関節の上に自体重を乗せて動く典型的なものに、ロシアのコサックダンスがあります。左右の足を交互に前に放り投げるように動く独特のダンスを、明らかに私より筋力のない女性や子どもが、平気な顔をして行ない続けます。**この股関節の上に上半身がきれいに乗る状態。これこそが、テニスはもとより、すべてのスポーツをうまく行なうための要のひとつ**なのです。

で、このスクワットポジションを基準に、ウィークエンドプレーヤーの打ち方を見ると、明らかに身体のひねりすぎや横を向きすぎなのがわかります。私の間違ったスクワットではありませんが、土台づくりを無視してひねりや横向きをつくろうと頑張るがために、どんどんうまく打てなくなっていくのです。

そもそも、ひねりの動作は、運動の中でいちばん難しいとされています。その難しい動作を、土台を無視して行なえば？　はい、うまく打てるはずがありません。それを、「世界トップ選手は対戦相手に背中が見えるくらいのひねりを見せている」と言い聞かせ、無理やり行なう。これでは、いつまでたってもうまく打てる日は来ないでしょう。

そこで、あなたが正しい土台の上にひねりをつくれているか？　適切な量のひねりかどうか？　これらを、ここでテストしてみましょう。大丈夫です。かなりたくさんのウィークエンドプレーヤーに行なってもらいましたが、「えっ？　えっ？　えっ？」と誰もがびっくり仰天の結果となるので、リラックスして楽しんで行なってみてください。

まず、スクワットの体勢をつくります。バーベルのバーを仮想で持ち、お尻を大きく後ろに引いてください。このとき気をつけるのが、私がトレーナーに厳しく指導されたように、お尻を突

NG

股関節ロックが外れた状態では、どこまでも身体をひねることができてしまう。しかしこれでは本当に身体をひねったことにはならず、大したパワーは生まれない。最悪、ケガをする危険性もあるので注意

OK

スクワットの姿勢で股関節がロックされた状態だと、見た目はそこまで身体がひねられていない。しかし土台となる下半身と上半身にねじれが起こるため、それが回転運動の源となり、強烈なショットを生み出すことができる

き出す感じで股関節に体重を乗せること。太ももの前部分がきつい場合は、正しい姿勢でない可能性が高いので注意してください。膝裏の角度は約90度。そして、その体勢をキープしたまま、フォアハンド側に身体をひねるのです。

いかがでしょう？ 思いのほか身体が回らなかったのではないでしょうか。少なくとも、対戦相手に背中が見えるほどはひねりが発生しないはずです。一般的には、半身《はんみ》になるくらい。フォアハンドであれば、利き手の胸が対戦相手に見える程度しかひねることはできないと思います。そして、これこそがプロ選手のひねりの基本となります。

多くの方が、「もっと身体を大きく回してテイクバックをしなければ」「もっと身体をひねってテイクバックしなければ」と言いますが、そもそも土台（スクワットポジション）なしで身体を回すと、身体はいくらでも後ろに回ります。そのひねりは、まったく意味がありません。なので、**常にスクワットポジションをキープする。そこからひねることのできる量が、その人にとっての適切なひねりであること**を覚えておいてください。

さらに言えば、ラリーが終わるまで、ポイントが終わるまで、股関節ロック（スクワットポジションをキープ）を決して外さない。ボールを打つときだけでなく、打っていないときも、股関節ロック（スクワットポジションをキープ）を外さないのがプロなので、そこまで真似をしてもらえれば最高です（走るときは、膝裏の角度を90度にする必要はありません。１２０～１８０度を基本にして走ることが多いので、股関節ロックをしたまま走ってもきついことはないのです）。

ここまでお話しすれば、あとはあなたが現場でチェックするだけです。99パーセント以上のウィークエンドプレーヤーが、ボールを打つときはもとより、走るときも股関節ロックを外しています。つまり、土台なしで走り、土台なしで打つ。こんな悲惨な状況でテニスをしているのです。

でも、あなたは違います。すでに真実を手に入れました。正しいひねりの量も知ったのですから、今までとはまったく違う次元でプレーできるのです。

昔、グランドスラム８勝を挙げた、アンドレ・アガシ選手の下半身の動きだけを追った映像が公開されました。見事なまでに股関節ロック（スクワットポジション）をしたまま、ポイントが終わるまでプレーしていました。ぜひ今後は、この視点で世界トップ選手を眺めてください。今までとはまったく違う世界観が、あなたの頭の中に広がるでしょう。

ポイント

ポイントプレー中は、ボールを打つときも、ボールを追って走るときも、ずっと股関節ロック（スクワットポジション）をキープしたままにする。

ラケットの引きすぎはケガのもと

松尾衛

身体のひねりではありませんが、同じような問題で思い当たるふしがあります。

テニスを始めて間もない頃、手首を痛めました。初めは、「テニスに慣れていないから？」と思いましたが、自分のスイングを録画するようになって、問題に気付きました。ラケットを引きすぎていたのです。対戦相手から見ると、ラケットヘッドが背中側からニョッキリ出ているのがわかるくらいに。そこからブウンと回すようにラケットを振る。すると、振り遅れたり、ラケットをきれいな軌道で振れなくて、手首を痛めたのです。その証拠に、意識的に小さなテイクバックに変えたら、手首の痛みはなくなりました。

おそらく、単純に上半身を大きくひねればプロ選手と同じショットが打てると思ってしまうのでしょう。ラケットを大きく引けば引くほど、威力のあるよいショットを打ち出せると思うわけです。すべての場所でとは言わないまでも、これらが悪気なくテニスの常識としてはびこっているのではないでしょうか？

先ほど、強烈なスピンを生み出すにはニュートラルな状態の手首周りの微小振動にこだわるのがポイントであると言いました。身体のひねりについても同じことが言えます。ボールを効率よくしっかりと飛ばすには、骨盤のラインと肩甲骨のラインが体幹周りにねじって戻す「ねじれ振動」を使います。このねじれ振動の振れ幅を大きくしようとしすぎると、股関節ロックが外れてしまい、もはやバネの効果がなくなってしまいます。

股関節が抜けた状態にならないように、ねじりすぎず、やはり体幹周りのニュートラルな状態からの微小なねじれ振動というのをイメージするのがよいと思います。その結果、ラケットの引きすぎも防げますし、コンパクトな動作で威力あるショットが打てると思います。

利き足・利きテイクバック・利きフィニッシュ

田中信弥

人には利き目《き》があります。自分にとって見やすいほうの目があるわけです。そして利き目と同じように、人には利き足、利きテイクバック、利きフィニッシュがあるのです。

例えば、ナダル選手（左利き）。彼のフォアハンドにおける利き足は左です。もちろん、軸足となる足でもありますが、ほかの選手に比べ明らかに後ろ足を好んで使います。もちろんテニスは、どちらの足もうまく使えなければ超一流プレーヤーにはなれません。ですが、やはり使いやすい足は存在する。それがナダル選手の場合、左足なのです。なので、フォアハンドを打つときは、圧倒的にオープンスタンスが多い。反対にバックハンドはクローズドスタンスが多いため、同じく左足が利き足です（フォアハンドとバックハンドで、利き足の違う選手もいます）。

普通、両手打ちバックハンドを打つ選手は、踏み込み足にあたる前足に体重を乗せて打つことを好みます。そして、軸足となる後ろ足は、相手に攻められたときにオープンスタンスにして使うことが多い。ところが、元世界ナンバーワンのセリーナ・ウィリアムズ選手は逆です。両手打ちバックハンドでありながら、攻める体勢でありながら、あえてオープンスタンスで軸足となる後ろ足を中心に使うのです。なぜなら、利き足が左足だからです。このように人間には利き足が存在し、目と同じで知らず知らずのうちに使いやすい足を多く使っているのです。

利きテイクバックもあります。錦織選手のテイクバックは小さいですよね。そして、マレー選手のテイクバックは大きい。ふたりとも世界有数のストロークを打つわけですが、テイクバックの好みは違うことがわかります。

さらには、利きフィニッシュ。ジョコビッチ選手のように、大きくフィニッシュすることが多いタイプもいれば、フェデラー選手やガエル・モンフィス選手のように小さく身体に巻きつくフィニッシュを好む選手もいるわけです。このように、誰もが利き足、利きテイクバック、利きフィニッシュを持っており、みな一緒にする必要などまったくないことがわかります。

ぜひあなたにも、利き足、利きテイクバック、利きフィニッシュを探してもらいたいと思います。「大きくテイクバックしなさい」と誰かに言われても、それがあなたの利きテイクバックかどうかを、しっかり見定めてください。でないと、あなたに合ったテイクバックでテニスをしないことになり、打ちづらさを感じるのはもとより、試合結果にも悪影響を及ぼすからです。

フィニッシュも同じです。よく「フィニッシュは大きくしてください！」とアドバイスされている方を見かけますが、本当にそのプレーヤーに合ったフィニッシュであるかどうかはわかりません。フィニッシュにも利きフィニッシュがあり、あなたの好きなフィニッシュを見つけることが大切となります。

利き足理論には、プロ野球選手の実例もあります。

巨人の坂本勇人選手は、2割5分しか打てなかったシーズンに、松井秀喜さんのアドバイスに出合います。坂本選手は、5：5の両足均等体重でバッティングをしていたのですが、松井さんは9：1（後ろ足：前足）。そこで坂本選手も9：1（後ろ足：前足）に変えてみると……なんと打率3割5分以上をマークしたのです。

このように、日本を代表するスラッガーでさえ、利き足を見つけたことで大きく結果を変えたのです。ならば、**プロのように厳しい環境でテニスをしていないウィークエンドプレーヤーは、利き足を見つけることでもっと劇的な成長を手に入れるチャンスがあると言えるのです。**

ポイント

人には固有の〝利き〟（働きが優れていること）がある。

それを発見し意識することが大きく成長するチャンス。

お尻のかたまりを骨で動かす感覚

松尾衛

私が過去にパーソナルトレーニングを受けて、いちばん印象に残っているのは、メディスンボール投げです。トレーナーが投げると、なんとあの重いボールが天井につきそうなくらい飛ぶのです。当然私は、その半分も飛ばない。理由は、手の筋肉で投げているからでした。トレーナーは股関節で飛ばしていて、骨を突っ張らせていたのです。それで、集中的に股関節やお尻周りの使い方を学びました。

股関節は、日本語では「股」ですけど、英語では「ヒップジョイント」と言います。それを聞いて、イメージが180度変わりました。**この巨大なお尻のかたまりを、骨でブルンッと動かすイメージになりました。**

人間の身体にはそれぞれの癖があり、骨格も違えば、筋肉量も違います。テニスを始めた年齢、才能、その他もろもろ違うことだらけ。なので、いちばん大切なことは、自分に合った打ち方を選択することです。誰もが理解できて実践できるものと、複雑多様で自らの特徴に合わせて実践したほうがいいものとがありますね。ミクロからマクロにした瞬間にいろいろな多様性が生まれますが、最後はオーダーメイドできるようになるとしっくりきます。

そんななかで利き足、利きテイクバック、利きフィニッシュは斬新でした。これで苦しんでいる人はたくさんいると思います。打ち方のルールばかりを強調するものが多いからです。本来、誰にでも当てはまると言えるところは、微少なバネの部分くらいだと思うんです。でも、そこがないからマクロの部分で統一させようとしているのだと思います。

さまざまなフォームのトップ選手がいますが、それらを見てすべてを真似しようとするのは危険です。選択肢を持てることが重要です。「フォームがかっこいいから真似したい」という考えが普通です。これだけいろいろなパターンがあって、準備とフィニッシュの話があって、両手バックハンドも右手メイン、左手メインがあり、軸足も両方の選択肢がある。聞けば「そりゃそうだけど」と思いますけど、まず知らないことですから。やはり時間に制限がありますから、最初から慣れているというか、まずはあなたの利き足、利きテイクバック、利きフィニッシュを探しながらプレーするほうが、圧倒的にストレスなく、早く上達できると思います。

首巻きフィニッシュVS胴巻きフィニッシュの秘密

松尾衛

最近、ハマっているフォアハンドの「首巻きフィニッシュ」についてお話しします。コロナ禍でオンコート練習が激減。そこで、以前から田中プロが推奨される「素振り上達法」を自宅で行なうことが増えました。

そんな中、世界ランキング一位のジョコビッチや、同四位のメドベージェフが見せる軟式テニスのトップ打ちに似たフォアハンドフィニッシュ、「首巻き」を試しました。このフィニッシュは、ラケットを振り切ったとき、文字通り首にラケットが巻きつく形となるものです。

以前の私は、フェデラーの代表的なフィニッシュ、「胴巻き」をマネしていました。憧《あこが》れがあったためですが、「どうにもしっくりこない……」、「振り抜き感が足りない」という不満を抱えてもいました。

そこで、「オンコート練習が減った今こそチャンスかもしれない」と心機一転。モヤモヤ解消も含め、思いきって軟式テニスのフォアハンドを参考に素振り練習を開始したわけです。

実際のところ。軟式経験のある生徒さんを以前からテニススクールで見ていまして、気にはなっていたのです。例外なく首巻フィニッシュでフォアハンドを打つ。うまい。強打がエグイ。で、「軟式テニスのフォアハンド練習法って、一体どうやるんだろう？」と興味をそそられたのです。

今回も理論物理学者のクセで、軟式テニスの教材を買い込みました。様々な動画レッスンも視聴。中でも、ジュニア向けのレッスン動画は大変に参考となりました。全日本クラスの指導者が、「首にしっかり巻きつけてフィニッシュ！」と連呼していたからです。

マネしてみると、ことのほか気持ちが良い。振り抜き感もある。スイング中、いっさいの力みを感じずラケットを振れるのです。私的には「首巻きフィニッシュこそ、腕に負担をかけることなくラケットを振れる」というところに落ち着きました。

「だからこそ、軟式テニスプレーヤーはフォアハンドの強打を得意とし、ジョコビッチ、メドベージェフも強打をミスなく連発し続けられるのではないだろうか？」との思いも湧き出ます（もちろん、他のフィニッシュを全否定するつもりは毛頭ありません）。

ただ、私が素振りで練習を始めたばかりのときは、正直、違和感もありました。とにかく最初のうちは、ラケットが首にうまく巻きつかないのです（プロネーションが中途半端だったのでしょうか？）

ところがコツをつかみ始めると、「ん？　肩甲骨の付け根部分がほぐれてきた。グゥ〜ンとストレッチするように伸びる。これならフィニッシュで、右の肩甲骨が対戦相手に見えるくらい上半身をねじれるぞ」との感覚になったのです。

あたかもそれは、デンデン太鼓のよう。体幹の回転で腕（ラケット）が自然に振られ、最後は首に巻きつき止まる。その瞬間、右あごが肩に乗る様相。まさに、世界トッププロに見られる、体幹のねじれを最大化したスイングが出現したのです。

物理学の基本に、「角運動量保存の法則」があります。ごくごく簡単に言えば、お正月のコマ回し。コマは中心に力があると軸周りを続けます。あの原理と同じ。

私が首巻きフィニッシュをすると、身体の回転運動がきれいに行なわれ、テニスの場合はスイング後に身体の動きが急に止まるので、ガツンという強い衝撃を受けるのです。これこそ、「角運動量保存の法則（コマ回し）」が働いていたことのエビデンス（証拠）だと捉えています。

「角運動量保存の法則（コマ回し）」なしで〝強く振る〟と、身体軸がネット方向に流れることが多くなります。「樹齢千年のどっしりとした太い幹が身体にないと、強く安定したスイングを再現性高く振ることはできない」と、田中プロが口を酸っぱくして注意喚起することと共通します。

フィギュアスケート選手のスピンは、手を大きく広げて回転しはじめ、その後いっきに手を体の中心に近づけます。この腕の長さを半分にする動きにより、身体の回転速度を急激に上げます。

これも「角運動量保存の法則（コマ回し）」であり、人により違うでしょうが、私の場合は首巻きフィニッシュを目指すほうが体の近くで腕を回せるため、スイングスピードが上がり、「ラケットを強く振れた！」と感じるようです。

憶測ですが、軟式の全日本クラスの指導者が「首にしっかり巻きつけてフィニッシュ！」とジュニアに連呼するのは、「腕をしっかりと首に巻きつけると、体軸を立てた理想の状態でボールを打てる」からかもしれません。

実は、首巻きフィニッシュができるようになると、〝おまけ〟がついてきました。以前は苦手だった、ナダルのフィニッシュであるバギーホイップがスムーズにできるようになったのです。

以前、田中プロが主宰する、ウィークエンドテニスプレーヤー再生機関の『瞬間直し実践会』でバギーホイップを教えていただいたところ、ラケットを空に向け思いっきり振り上げると、〝ゴツゥ〜ン〟とおでこを強打したのです（笑）。

なぜ、そんな悲惨なことが起こったのか？　それは、あごとラケットを持つ右肩が離れすぎていたからだと考えます。今では首巻きフィニッシュを実現するため、顎が肩に乗るくらいの近さでスイングをします。すると、ナダルのフィニッシュであるバギーホイップで、空に向け思いっきりラケットを振り上げても、おでこにラケットをぶつけることは完全になくなりました（ホッとひと安心です）。

首巻きフィニッシュ

胴巻きフィニッシュ

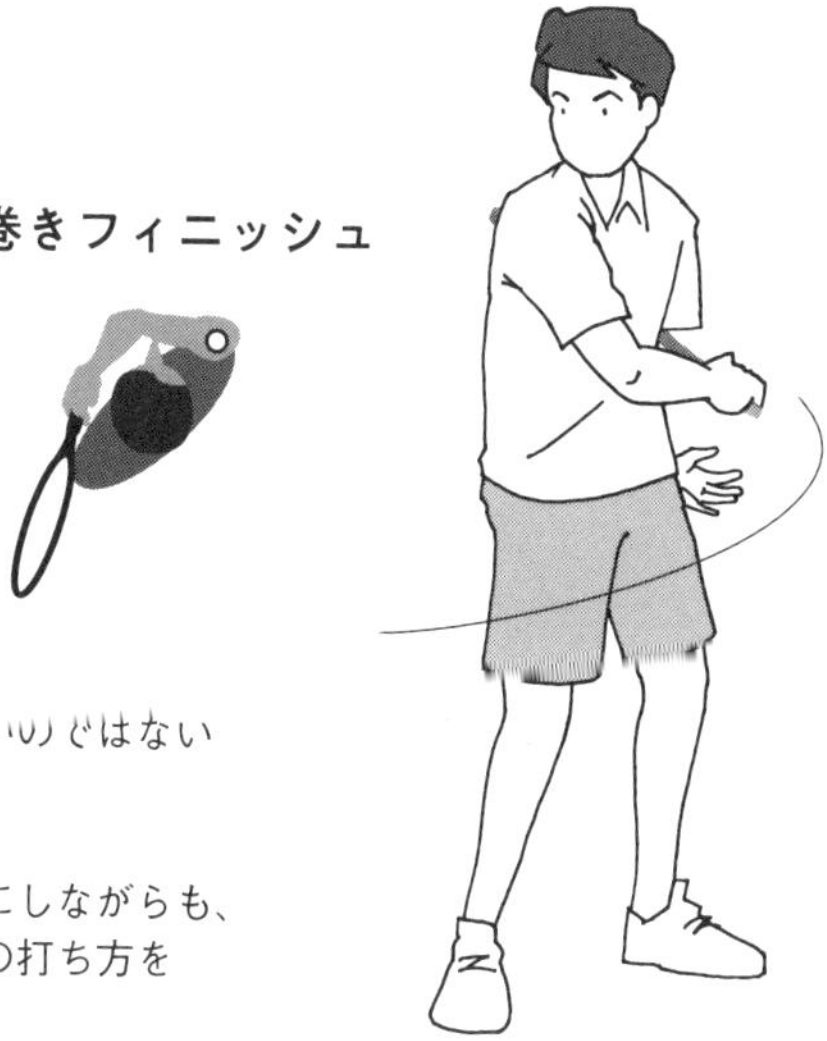

どちらが良くて、どちらが悪いのではない

自分の打ちやすいほうを基本にしながらも、
シチュエーションにより両方の打ち方を
使い分けられるのが理想

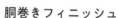

追伸：蛇足ですが……せっかく新しいフィニッシュを導入したので、「反利き手でも練習」していますよ（左手でラケットを持ち、首巻フィニッシュを行ないます）。

首巻フィニッシュは、利き手の右でも初めのうちはぎこちなかったわけですから、左手で行なうとさらにぎこちなさが増します。ただ、反利き手での練習後、利き手で再度行なうと、また違う新鮮さが体に走るのです（多分、神経回路の発達に役立っているからでしょう）。

私のように、首巻きフィニッシュがあなたのフォアハンドに合うかもしれません。一度、試していただけるとうれしく思います。

#3 理系なボレー

ボレーのウソ、ホント

身体にとって自然なボレーとは？

田中信弥

ボレーの打ち方は3種類

ストロークは、身体の回転運動の中でボールを打ち、スピンをかけてコートの中に入れる。これが大切であると述べました。では、ボレーはどうなるのか？

ボレーはネットに近い場所で打つショットなので、ストロークに比べ、ラケットスイングは小さくなります。そしてボレーには、「飛ばし」「押し込み」「当てる」の3つの打ち方があります。

まず「飛ばし」のボレーは、主にハイバックボレースマッシュを打つときのように、ボレーでありながらラケットを縦に振るのが特徴です。世界トップ選手は、肩、顔より高いボールを打つ場合、縦のスイングを少なからず使います。なぜでしょう？　もちろん、威力が出ることも理由のひとつですが、それよりなにより、身体にとって自然だからです。スマッシュ、ハイバックスマッシュ、サービスは、普通に縦振りですよね。なので、高い打点のボールを打つときは、ボレーなのでスイング幅は小さくなりますが、縦振りが基本なのです。

「押し込み」ボレーは、いちばんスタンダードなボレーの打ち方です。ラケット面にボールを当てるだけでなく、かといって飛ばしのボレーほど振りもしない。ラケット面にボールがくっつくような感じで打ち、インパクトしてから20～30センチくらいラケットを動かす。それにより、適度な威力とコントロールの両立を重視した打ち方を目指します。ボレーもストロークと同様、威力と安定の両立が必須です。そのいちばんの担い手が、押し込みボレーというわけです。

最後に「当てる」ボレーですが、本来は使いたくない打ち方です。が、どうしても余裕のないとき、「とりあえず当てて返そう」と面だけをつくり、打ちます。フェデラー選手でさえ、対戦相手に至近距離からパッシングショットを打たれた際や、コードボールでボールコースが急に変わったときなどは、当てるボレーを使います。というより、使わざるをえないのです。当然、ボールに威力はありません。なので、次のボールを打ち込まれることが多いですが、背に腹は代えられません。ミスするよりは、なんとか返し、少しでもチャンスが残されているなら最後まで頑張ろうという意思のもと、使われるわけです。

そして、**この3つの打ち方を、プロや上級者は無意識に使い分けます。**

ところが一般的にウィークエンドプレーヤーは、習う打ち方が1種類のことが多い。しかも、教える人により、「飛ばし」「押し込み」「当てる」のどれかひとつに偏る傾向にあるので、実戦に極めて弱いのです。だって、そうですよね？　プロが3種類を使い、やっと試合でボレーが使えているのに、ウィークエンドプレーヤーが1種類の打ち方で試合を戦うとなると、かなり厳しいわけです。結果、「ボレーは苦手です……」という、間違った自己評価となるのです。

横を向いて打ってはいけない

もうひとつ、ウィークエンドプレーヤーの世界に浸透しているもったいない現象が、身体を横に向けた状態でボレーを打つことです。とくにフォアボレー。ユーチューブで「フェデラー　ボレー練習」と検索してみてください。シチュエーションもあるので100パーセントとは言いませんが、横を向いて打つフォアボレー映像はものすごく少ない。なのに、多くのウィークエンドプレーヤーが横を向いて打つことで、窮屈《きゅうくつ》感を覚えるとともに、うまく打てないと悩むのです。

フォアボレーで身体を横向きにして構えると、ラケットを持つ腕がバックフェンス側にセットされますよね？　すると、そのままの状態で打てば、打点は必ず身体の後ろになります。なので、窮屈感を持つとともに、うまく打てないわけです。

ところが、フェデラー選手をはじめ世界トップ選手の打点は、身体の「前」。ということは、身体は前を向いている。前を向いているからこそ、ラケットを持つ腕も前にセットでき、打点が前となるわけです。もちろん、遠くのボールに対し、クローズドスタンスに踏み込んで打つとき

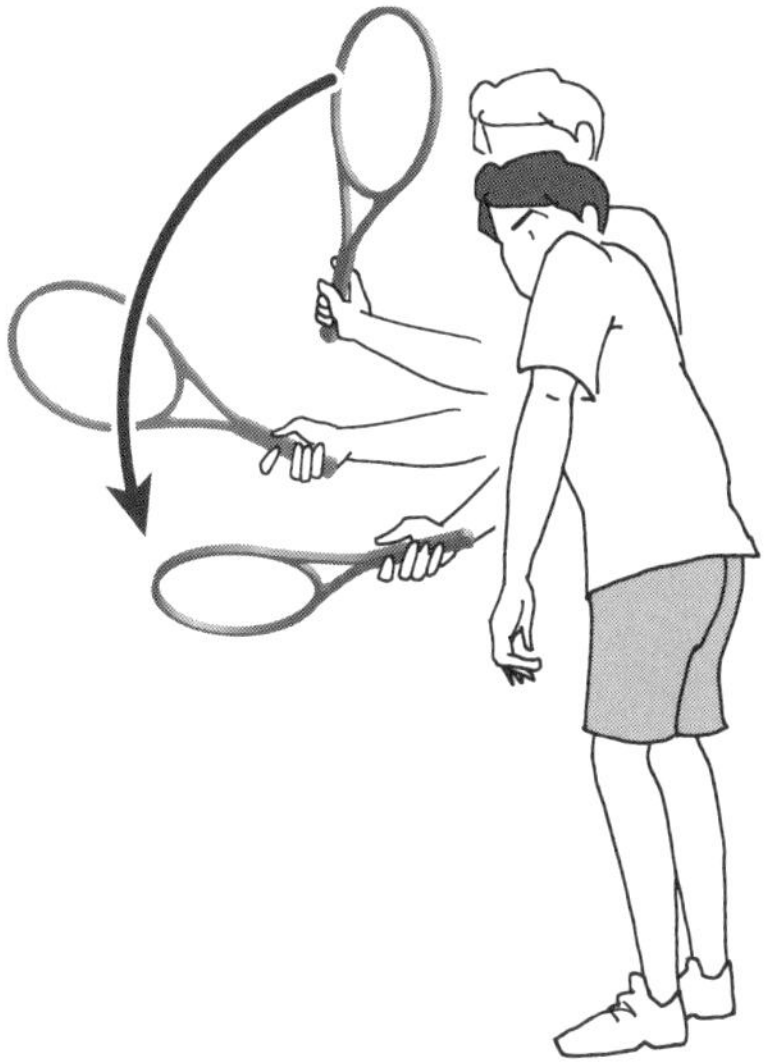

NG

身体を横に向けて打ってしまう例。打点が身体の後ろになり、窮屈かつ打ちにくい

OK

上級者のボレーは打点が身体の前になる。これができればボレーで悩むことはなくなる

は、身体は横を向きます。ですがその場合も、肘を脇腹より前にセットすることで、前での打点を確保しているのです。

どうしてもクローズドスタンスとなるシチュエーション以外は、できる限り上体はネット側に向けておく。真正面ではないけれど、対戦相手に胸やお腹が見えるくらいには正対しておく。つまり、フェデラー選手のようにこの姿勢を基本にしておけば、必然的に打点を前にしてボールを捉えることができるわけです。

おすすめの練習法は、最初は「フルオープンスタンス」でボレー練習を行なうことです。世間ではご法度とされる打ち方、両足をサービスラインと平行にして構え、フォアボレーを打ちます。そして、打点を前にしてボレーを打つことができるようになってきたら、踏み込み足を徐々にネット方向に出してボレーを打ってください。初めは、斜め45度くらいネット方向に踏み出して打つ。つまり、セミオープンスタンスにして打つわけです。

さらにその後は、サービスラインと垂直に構えるスタンス、スクエアスタンスでフォアボレーを打つ練習をする。このときも、きちんと脇腹より肘が前に出ていることを確認し、打点を前にして打てているかチェックします。

このように、いきなり横を向くのではなく、段階的にスタンスを変えて練習していくと、打点が身体の後ろになることはなくなります。

ポイント

ボレーは横向きで打つと打点が身体の後ろになりがち。まずはボールに正対し、身体の前で打つこと。

両足をネットと平行にして構え、胸や両肩が相手に対して正面を向いた状態になり、その姿勢でボレーを打つ。打点を前にすることが覚えられる

体幹に溜めた力を100パーセント発揮する法

松尾衛

スクールでボレーを習うと、強烈な弊害がふたつ出てきます。

ひとつは「踏み込みながら打ちなさい」「手で打つんじゃない。ボレーは足で打つのだ」とよく言われるのです。でも、田中プロが言われるとおり、ボレーは腕で打つのですよね。安定した体幹+腕の動き。足は、基本、移動に使う。もちろん、踏み込みながら打つときもありますが、あくまで補助で、安定した体幹+腕の動きで打つ。その証拠に、まったく踏み込まずボレーを打つ世界トップ選手の映像がたくさんあります。

もうひとつは、「横向きで打つ」という言葉です。フォアボレーの場合、横向きになると、ラケットを持った手がバックフェンス側に行きます。すると、打点が後ろになりがち。それでも頑張ってボレーを決めようとするので、打点が身体の後ろになり、うまく打てない。最悪の場合、テニスエルボーになってしまう可能性もあります。

普通の環境でボレー練習しているだけでは、どうしても今までどおりの身体の使い方になってしまいそうです。ですが、田中プロの練習方法であれば、イメージするだけでも世界トップ選手と同じ身体の使い方ができそうで、ワクワクしますね。

ストロークの項でも「テニスは足を使ってボールを打つのではなく、足はボールのところに移動するために使う」と話されていましたよね。そして、**ボールを効率よく飛ばすためには体幹の力をフルに使う必要があるので、なるべく動かないで打つのがいいということになります。**打つときに身体を動かしてしまうと、体幹に溜めた力を逃がしてしまう。まさに、ボレーも一緒なわけですね。

うまいコーチは踏み込んで打たない

田中信弥

私はよく、「あなたのコーチのボレーを見てください。テニスのうまいコーチなら、あなたの相手をするとき、毎回、足を踏み込みながらボレーを打たないはずです」と言います。すると「あっ、確かに！」と、ひどく納得される方が多い。ということは……薄々気付いているのです。「テニスのうまい人は、踏み込んでボレーを打つことが少ない」ということを。

もちろん、踏み込んで打つ場面もあります。ベースラインより中からアプローチショットを放ち、ネットに前進。その余勢を駆る形で、踏み込んでファーストボレーを打つ。フラフラとネット際に上がったボールに対し、サービスライン付近からダッシュをしてみせ、決定打としてのボレーを打つ。そんなときは、前進エネルギーＭＡＸですから、誰もが踏み込んでボレーを打ちます。

ただ、フェデラー選手が試合前の５分間のウォーミングアップ時に見せるボレーの多くは、踏み込まずに打ちます。さらには、対戦相手のボールが速くて踏み込めない、予想だにしないボールが飛んできたので踏み込んでボレーを打てなかった等々、ボレーにおける現実は、踏み込んで打たないシチュエーションが多いのです。

あなたも経験したことがあるでしょうが、

「踏み込みながら打つ理想のボレーを、試合中に打てることは少ない」

これが現場の素の感覚なのです。

ということは？　ええ、うまいコーチがあなたを相手に見せる打ち方、踏み込まないボレーを練習しなければ、試合で有効的にボレーを使うことなどできないわけです。

笑える体験談を聞きました。昔、世界で大活躍した、とあるコーチが、「ボレーは足を踏み込んで打て！」と、しきりにレッスンイベントで激を飛ばしながらも、当の本人はほとんど足を踏み込んで打たない。それどころか、オープンスタンスでバンバン、ボレーを打つ。その姿を見ていた参加者は、「説得力ないなぁ。その踏み込まないボレーの打ち方を教えてよ！」と思ったそうです。別の方も、「そんなに踏み込め、踏み込めというなら、まずはお前が踏み込んで打て！」と、口には出せない思いを胸に収めたそうです。

つまりは、プロはもちろんのこと、テニスのうまい人は、すべてのボレーを踏み込みながら打つことはないという事実。この真実を知り、新たなボレー上達の世界に足を踏み入れてもらいたいのです。

ボレーをはじめ、ストロークだろうが、サービスだろうが、スマッシュだろうが、**テニスの**

ショットはなるべく動かずに打ちたい。なぜなら、動けば動くほど体幹がブレやすくなり、ブレればミスショットとなる危険性が大きいからです。

基本は、止まって打つ。待って打つ。そして、ボールを懐《ふところ》に入れて、体幹の力で打つ。こちらのほうが、ボレーの基礎としては有効です。

ポイント

ボレーは踏み込みながら打つは不正解。（踏み込みながら打つ場合もあるが正解）足を使い素早く移動し、他のショットと同じく、なるべく動かず打つのが理想。

コーチ視点とプレーヤー視点を理解する

松尾衛

コートで打ち方をチェックするとき、コーチ視点と、ウィークエンドプレーヤー視点の2種類があると思っています。

例えば、「身体を開いて打って」というアドバイスがコーチから飛んだとします。このとき、コーチ視点での「身体を開いて打つ」は、両肩を結んだラインと骨盤のラインを正しくねじったうえでネット方向に正対しろ、つまり世界トップ選手がストロークでインパクトを迎える瞬間を指しているのです。ところが、ウィークエンドプレーヤー視点は、「身体を開くって、どっちに？」と、身体の向きだけにフォーカスすることも少なくないのです。つまり、両肩を結んだラインと骨盤のラインのねじれがない開き、単に身体を前に向かせたような開きに終始してしまう。これでは、当然ボールが飛ばない打ち方になる。すると、「下手くそ！」という激かコーチから飛ぶことになるのです。

ですから、**視点を同調させる。あくまでも身体の正しい使い方、ボールを飛ばすために必要とされる動きを共通理解したのちにアドバイスを送ることが、意思疎通を円滑にし、ゆえに上達し**

やすい環境となるわけです。

大切なのは身体にねじれが起きているかどうかです。それを、コーチだけがわかるのではなく、ウィークエンドプレーヤー側も理解しているかどうか？　ここをはっきりと確かめたうえでないと、抽象的なアドバイスとなってしまい、効力を発揮しなくなります。体幹に対して肩と骨盤の角度、胸の角度が相対的にズレを起こしているかどうか。ここを共通理解したあとでないと、「身体を開いて打つ」というアドバイスは、伝わらないわけです。

もうひとつ、技術的な話では、「回転半径」が大切になります。回転半径は小さいほうが鋭く回ります。そして、どこを支点に回転を起こすか？　今までは肩を支点に、肩から伸びた腕とラケットが、大きな回転半径で回るというイメージがありました。しかし、これだと速いボールに間に合わない人がたくさん出てくる。腕で動かすからです。そうではなく、**胸と腕とラケットの相対的な位置関係を変えずに、ギュッと股関節を絞って振る。つまり体幹からラケットまでの距離を変えないまま身体が回転すれば、回転半径が小さいまま勝手にラケットが出てくるのです。**

スタン・ワウリンカやリシャール・ガスケ、ドミニク・ティエムなど、片手バックハンドの達人たちは、肩からものすごく手が伸びて、大きな円を描いて打っているように見えます。ですが実際は、体幹からの距離は変わっていない。腕をビヨ～ンと伸ばして打っているわけではないのです。肘が畳まれていようが、伸びていようが、みんな自分の身体の近くで、小さな回転半径でボールを打っている。そのあとフィニッシュで解放された部分だけ、スパーンし大きなスイングになるのです（腕がビヨ〜ンと伸びたように見えます）。

実際は小さな回転半径の中でボールを捉えているのに、フィニッシュ近辺に目が奪われると、ダイナミックで大きな振りに見えてしまう。そして、その間違えたイメージを持ったまま練習するので、いつまでたっても世界トップ選手を真似しながらも、全然近づけないというジレンマが起きるのです。

これは錯覚ですね。その錯覚を取り除くために、田中プロが推奨する『ハーフスイング理論』が生きてくるのです。

リターンがいい例です。トッププロのリターンは、まさにハーフスイング。なのに、バーンと強いボールが飛んでいきます。結局、微少な動きでも、身体のねじれを起こしたうえで面でしっかり捉えれば、あとはヘッドを立てたところから手首が返るだけで、ボールはすごい勢いで飛んでいってしまうわけです。

威力を出そうとすると、「スイングは大きいほうがいい」と単純に考えてしまう。そしてスイングが大きいと、結果的に身体の遠いところでスイングする羽目に。で、威力の出ない打ち方になるプレーヤーが非常に多いのです。

スイングは、大きくなくてよいのです。大きくスイングしなくても、ラケットの加速は起こります。

大切なのは、ムチの効果を利用すること。しなるムチと同じように、グリップエンドから振り出し、遅れてラケットヘッドが出てくれば、ものすごく勢いのあるスイングとなります。反対に、腕からラケットヘッドまでを棒のようにして固めて振れば、勢いのないスイングとなり、ボールは飛んでいかなくなるのです。

ポイント

腰が正しくひねられていれば、正しい回転運動でボールを打ち返せる。回転半径の小さいスイングのほうが、強いボールを確率高く打てる。

#4 理系なサービス＆スマッシュ

急がば回れ上達法

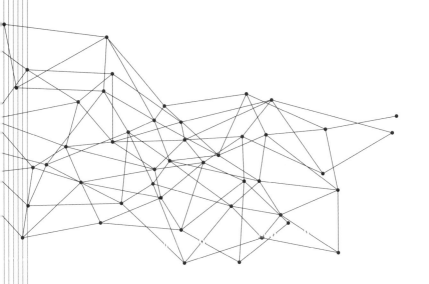

パワーのあるサービスはどう打つのか?

田中信弥

ジャンプは自らするものではない

冒頭、『#1　理系なテニス　真実を知る勇気』でお話ししたとおり、サービスは上から下に打つとか、高いところで打ったほうが有利だとか、そんな都市伝説的なアドバイスに右往左往させられたウィークエンドプレーヤーが多くいます。そして、「サービスはジャンプして打て!」も、やはり都市伝説的アドバイスのひとつです。

ストロークやスプリットステップと同じで、サービスも自分の意思でジャンプしてはいけません。あくまでも基本は、ジャンプしてしまう。もっとわかりやすく言えば、**「別にジャンプなんかしたくはないけれど、エネルギーが爆発しちゃって、知らぬ間にジャンプしている」というのが本来の姿**です。3歳でサービスをうまく打てる子に、「ジャンプして打ちなさい!」なんて言うでしょうか? 90歳を迎えても、正しいフォームでサービスを打つ、足がヨボヨボのウィークエンドプレーヤーには? 言わないですよね。そう、爆発的なエネルギーを下半身から発生させていない限り、ジャンプは出現しないのが普通です。3歳児も90歳の老人もジャンプする脚力がないことを、潜在的に知っているからです。

下半身に膨大なパワーがある。そして、その力を上手に爆発させる術を知っている。つまり、サービスの打ち方が世界トップ選手のように洗練されている。この条件を満たした人だけが、自然発生的なジャンプを享受することとなるわけです。裏を返せば、ジャンプしてサービスを打ってはいけない人が、「ジャンプして打て」と言われると、極めて非効率で、醜《みにく》いサービスフォームになることがわかっています。

そもそも、ジャンプしなくても、よいサービスは打てます。地に足をつけ、下から上にラケットを振れば、サービスボックスに入るだけの回転がかかっている。これだけあれば、世界トッププロとはいかなくても、仲間内のテニスでは十二分に通用するサービスが打てます。

まずはバックフェンスに打つところから

オリンピック&日本代表コーチを務めていたとき、『世界に通用する選手を育てるための正しいサービス練習のやり方!』を、数人の同僚と発表した経験があります。

その中に、「サービス練習は、相手コートのバックフェンス上段にぶつけるところからスタート！」というカリキュラムがあり、多くの一流指導者と共有しました。一般的に行なわれるサービス練習のように、相手コートのサービスボックス目がけて打たない。サービスラインをノーバウンドで通過、ベースラインをも越し、さらに5メートルも後ろにあるバックフェンス、しかも上段までボールを飛ばす。この練習を初めに行なうことを推奨したのです。

もちろん意図は、「サービスは下から上に打つもの」という意識づけと、正しいスイングへの矯正です。

サービスがうまくならないウィークエンドプレーヤーの多くは、先にサービスボックスに入れることを目指します。そして次に、「威力を出したい」となるわけですが、そのときにはもう、バックフェンスに向かって打つサービスフォームとは真逆の打ち方が身体に染みついているため、いくら威力を出そうとしても出ないというジレンマにぶつかるのです。そして、「サービスは難しい……」という間違った認識を、どんどん自分で刷り込んでいくのです。

そうではなく、**まずはバックフェンスに向かって打つ。正しいフォームで、ボールを下から上に打つことを覚える。そして、次の段階で初めてサービスボックスに入れる練習を行なうのです。**しかも、回転をかけることで入れる。狙いを定めて入れることも必要ですが、それよりも回転をかけるから勝手に入る、という感覚を先に身につけたほうが、あとが楽です。また、この順番で練習を続けると、巷《ちまた》で聞くようなダブルフォルト地獄にはまったり、常に祈る気持ちでサービス

NG

上から下へ打ちおろそうとする、よくある悪い例。これではネットに引っかかる可能性が高くなる

OK

サービスは下から上へ打つ。バックフェンス目がけて打つ練習法でこのフォームを習得しよう

を打つというような世界とは、無縁で生きていけます。

こういう話をすると、「じゃあ、フラットサービスはどうやってサービスボックスに入れるのですか？　回転がないから、入らないですよね？」という質問をもらいます。

フラットサービスには、そもそも回転がかかっています。フラット＝無回転というイメージを持つ方も多いですが、実際は違います。自分では真《ま》フラットに打ったつもりでも、解析すればナチュラルにスピンがかかっています。なので、安心してフラットサービスを打ってください。

そして、それでも不安なら、フェデラー選手のファーストサービスを参考にしてください。彼のファーストサービスの成功率は、年間を通して計測すると50〜60パーセントです。しかもこの数字は、デュースサイドのワイドへのスライスサービスや、アドコートのセンターへのスライスサービス、さらにはファーストサービスからスピンサービスを使うことを併せてのもの。なので、純粋にフラットサービスだけの成功率を計測すれば、かなり低いことがわかります。

フラットサービス限定となると、レジェンドでさえ入る確率は低い。ならば、我々のフラットサービスの入る確率が低くても、問題はないですよね？

空に向かって高いボールを打ち上げる練習法

松尾衛

正しい身体操作の結果、勢い余ってジャンプしてしまう。これが、本来のジャンプですね。無理やりジャンプするのとは、天と地ほどの違いがありますね。この違いは、素人じは決して区別できない。「知らぬ間にジャンプしていた」という世界に導いてもらえるかどうかで、その後の上達速度が、がらりと変わりそうです。

あと、スプリットステップの話とも共通しますが、体力があり余っている人なら、少々ジャンプしてもいいのかなとは思います。でも、我々ウィークエンドプレーヤーは、残念ながら体力はあり余っていない（笑）。なので、できることなら余計な動作で体力を消耗《しょうもう》したくはないはずです。正しい動作が同時に省エネにつながるという点からも、しなくてもよいジャンプを排除するのは魅力的です。

結局、私が野球の本当の投げ方がわからなかったのと同じで、直線しかイメージできていないと、助走距離をつけるか、打ち下ろすか、という考え方になります。助走距離がゼロでも、骨盤をギュッと回して固いねじれのバネでビュンとヘッドだけ走らせればボールは飛ぶ。ただ、これがわかっても、なかなか「飛ばすだけ」の練習を行なえる場所がないのが、大変に残念です。

私は昔、「ウィークエンドプレーヤーは、ナチュラルに縦回転が増えたサービスで十分。スピンサービスなんて疲れるからいらないよ」と、コーチに言われました。テニスを趣味で楽しむウィークエンドプレーヤーにとって、それは正論だと思いました。でも、どうせテニスをやるなら、ちゃんとしたスピンサービスを打ちたいと思ったので、田中プロのDVDを見てスピンのかけ方を勉強したのです。そして、普段指導を受けているコーチが回転をかけるのがとてもうまかったので、「コーチみたいに跳ねるサービスを打ちたい！」と相談したのです。すると、素晴らしい練習法を教えてくれました。どういう練習法だと思いますか？

正解は、空に向かって打ち上げるほど高いボールを打つ練習、です。

そこのテニスコートには天井があったので、「思いきり天井にサービスを打って！」と言われました。そのコーチ曰く、「スピンというのは回転量があるから跳ねるのではない。基本、思いきり高いところからボールが落ちてくるから跳ねるんだ」ということでした。で、「頭の後ろでボールを打って天井にぶつかるくらい高く打ち上げる。この練習だけをやって！」と言われたのです。

それを受け、物理屋の同僚で結成した『チーム松尾』の面々で、コートを借りてひたすら天井サービスを練習しました。やっと打ち上げられるようになったら、今度は前に飛ばすことを両立させました。でも、天井サービスを打ったときの試合映像を見ると、上から下に突き刺さるような弾道に見える。「まだまだ天井に打ち上げきれていない……」と、反省しきりでした。

その後も、天井までボールを打ち上げる練習は、とにかく時間をかけて行ないました。3千球ほど打ち上げ練習をしたところで、ようやく天井に打ち上がるようになり、コツがわかったところで、今度は直線量を増やしていきました。つまり、打ち上げ量を減らしたわけです。

その中で、今度はストロークに悩みが出ました。サービスがよくなってきたのに対して、ストロークがまったくダメ。ただ、田中プロによると、「サービスとストロークは、基本、一緒」ということだったので、それならストロークもうまく打てるようになるはずとの期待を持ったのです。

そこで田中プロから、「木のラケットでプレーしていた昔は、確かにサービスとストロークは別の打ち方でした。ところが、ラケットの進化とメソッドの進化の波が同時に来て、今では打つ原理が酷似しているのです」という話を聞きました。

まさに、それこそが私の知りたかった答えです。私は先にサービスが打てるようになりました。精度はともかく、速さだけなら田中プロにテコ入れしてもらう前から時速140キロくらいでは打てていました。一方、ストロークは全然スピードが出せず、時速70〜80キロ程度でした。チャンスボールも、まったく振り抜けないサービスのように、ボールが飛んでいくイメージがわからなかったのです。なぜサービスは飛ぶのに、ストロークは飛ばないのか、と悩みました。

プロ選手を見ると、時速200キロのサービスを打つプレーヤーは、ストロークのエース級のボールだと、時速160~170キロは出ている。だいたいサービスの1~2割弱減という印象です。**その程度のスピード減なら、サービスと似た動作、同じような原理でストロークを打っているのではないか、と考えたのです。上に振るか、横に振るかの違いだけではないかと。**

ところが、サービスを横向きで打つ方法論がわからない。サービスは、包丁握りの薄いグリップで打っていましたが、それをストロークの横振りに変換すると、スライスしか打てないわけです。どうやったら、厚い握りで順回転のかかったストロークが打てるのか？ これさえもわかりませんでした。

結局、飛ばす原理がわかったことで、上に振っても、横に振っても、同じような威力が出せることを理解しました。もちろん、わかったのは理論だけで、いま現在もオンコートでは悪戦苦闘中なわけですが……。

ポイント

地球上に引力がある限り、サービスもストロークも「下から上に打つ」が基本。強打で相手コートに入れたければ、回転を使う。

圧倒的にサービス練習が足りない！

田中信弥

ウィークエンドプレーヤーは、サービスの練習量が圧倒的に少ないですよね。もちろん、環境的に致し方ないことは重々に承知しています。ただ、テニスはファーストショットが最も大切なので、そういう意味ではサービス練習が少ないのは、ちょっともったいないところでもあります。

初めに打つショットで有利に立てれば、それだけポイントも取りやすい。これがテニスです。ラリーが続くのは素晴らしいことですが、勝負の観点から見れば危険。相手に1回ボールを打たすたびに、ピンチとなる回数を増やしていることになるからです。なので、できることなら、サービスでイニシアティブを取るのがいちばんリスクも少なく、効率的なのです。

そして、**テニスのショットの中で唯一、毎回、自分本位でボールを打てるのがサービスです。**ほかのショットは、すべて対戦相手が打つボールに対応しなければならないので、どうしても理想のフォームで打てないことがある。となると、当然、ミスするケースが増える。あのフェデラー選手でさえ、セカンドサービスからのポイント取得率が50パーセントくらいであることを考えると、なるべくファーストサービスでポイントを取り、ラリーを避けることが賢明な戦い方となるわけです。

もう一度、言います。テニスはサービスから始まるスポーツ。サービスがよければ、それだけで断然有利に試合を運ぶことができます。世界トップ選手を見ると、ファーストサービスからのポイント取得率が80パーセントを超えることがざらにあります。つまり、サービスに威力があったほうが断然に有利なわけで、鍛えない手はないのです。

サービスに威力があれば、相手のリターンも弱々しくなることが多く、結果、ラリー数も減ります。となると、体力温存もでき、一日に数試合をこなさなければならないウィークエンドプレーヤーを、強烈に助けてくれることになるのです。なので、体力トレーニングを行なう時間がなかなか取れないウィークエンドプレーヤーにとっては、サービスを鍛えることには一石二鳥、いや一石三鳥くらいのメリットがあるわけです。

しかし現実問題として、ウィークエンドプレーヤーがストローク中心の練習メニューを変えることが難しいのはわかります。ウィークエンドプレーヤーにとってテニスは趣味ですから、楽しさ優先になるのは仕方がないからです。

そこで、おすすめの代替案。ストローク練習を始めるときに、試合と同じようにサービスを打ってから始める。1球目の球出しは誰もが必ず行なうので、その1球目をサービスで行なうことにする。こんなちょっとした工夫ができれば、それだけでサービスの練習量が劇的に増え、結果、あなたのサービス力も大きく伸びていきます。

難色を示す人には、「試合を想定した練習をしたほうがいいのでは？」と言えば、説得力も増すはずです。ボレー対ストロークの練習をするときも、「試合に備え、厳しい球を打つ練習をしよう！」と、1球目の球出しをサービスから行なう。このようにどんな練習を行なうときでも、常にサービスから行なうように癖づけることを提案します。

本当なら、試合に勝つための重要ショットから順に練習時間を割り当ててほしいところですが、背に腹は代えられません。少しずつでも、導入してください。

ポイント

テニスにおいて、サービスだけが唯一、自分の思うがままに打てるショット。そして、ファーストショットでもあるため、一気に優位に立つことを目指す。

スマッシュを叩きつける相手はカモ

田中信弥

スマッシュは、サービス以上に上から下に打ちおろすイメージが強いショットです。サービスに比べ、ネット近くで打つショットだからです。ですが、もちろん下から上へのスイングが基本です。

確かに、かなりネットの近くでスマッシュを打てば、上から下に振りおろしてもボールが入ることはあります。ただ、特別なショットを打つ場合以外、ネット近くであっても下から上にラケットを振らなければ、取り返しのつかない事態を招きます。

上から下にスイングする問題点は、具体的にふたつあります。

ひとつは、ロブを深く打たれた場合です。ネットから遠ざけられた場所でスマッシュを打つわけですから、上から下にスイングしたら、当然のごとくボールはネットを越えません。なので、深いロブを上げられ、下がりながらスマッシュを打つ場合は、いつも以上に下から上に打つ意識が大切になります。

そしてもうひとつのケースは、逆にネット近くでスマッシュを叩く場合です。先ほどお話しし

NG

上から下へ打ちおろそうとする、よくある悪い例。これではネットに引っかからなくとも、浅いボールになりやすくピンチを迎える

OK

ラケットはボールに対して下から上に入っていくのが正解

たとおり、理論的にはネット近くであれば、上から下にラケットを振ってもボールは相手コートに入ります。ですが、そのスマッシュは高く弾む。上から下に叩きつけるので、ボールは相手コートの浅い場所で弾み、しかもバウンドが高くなる。つまり対戦相手がうまいと、スマッシュ返しを食らう危険性がものすごく高いのです。そう、浅い場所に高く弾んだボールは、スマッシュが本来持つ、直線的に飛び速く滑る威力を伴っていません。そのため、簡単に打ち返されることが多くなるのです。

そして、上から下に叩きつける打ち方に慣れてしまう弊害《へいがい》も考えておく必要があります。いくらネット近くから打つときは上から下に叩きつけてもボールが入るといっても、ネットからギリギリにボールが飛ぶことは否めません。すると、ほんの少しでもミスヒットしたらネットにかかる。このリスクを考えてほしいのです。なので、世界トップ選手が上から下に叩きつけるスマッシュを打つときは、相手コートでワンバウンドしたあと、観客席に飛び込むほど弾ませる。そんな、余興的な要素を含んだショットを打つのです。

現役時代、スマッシュを上から下に打つ選手と対戦するときは、正直、小躍りしました。スマッシュミスをするのが確定的だったからです。とくにネットミス。これは、どうしても多くなります。そして、たとえコートにボールが入ってきても怖くありません。叩きつけのスマッシュなので、直線的なボールが飛んでこない。自分のほうに向かってくるスマッシュではないので、返球しやすい。弾んだあと、高くボールが上がることも多いので、スマッシュ返しをお見舞いできる。このような理由から、上から下に振るスマッシュを打つ選手はまったく怖くありませんでした。

上から下に振りたくなる心境はわかります。スマッシュを打つ位置から見る対戦相手のコートは、目下に見えるからです。すると、「どう見ても上から下に振るのが正解！」と無意識に思うのは当然です。でも、理論は違う。地球上には引力があり、ネットが存在し、スイングの振り出しも背中の位置から開始される。つまり、下から上にスイングしなければならない理由がてんこ盛りなのです。

下から上にラケットを振る。「アウトするのでは？」との恐怖心が湧き上がっても、頑張って振り続ける。これが回り道のようで、実は最強スマッシュを手に入れる近道なのです。

ポイント

サービスより、ずっとネットの近くで打つスマッシュも「絶対に下から上に打つ」こと。

大リーグ投手に学ぶサービス&スマッシュ

松尾衛

コート中央よりだいぶ前でスマッシュを打つとなれば、計算上では1メートル50センチくらいの打点で打てればよくなります。すると理論的には、「上から下」の打ち方でも相手コートにボールが入るでしょう。

我々のようなウィークエンドプレーヤーがスマッシュで苦労するのは、やはりそこだと思います。どうしても、力んで上から下に振ってしまう。理論はわかっても、現実がついてこない。悲しいです……。スマッシュもサービスも、私がソフトボール投げで30メートルしか飛ばせなかったのも、上から下のタテ振りだけを行なっていたのですね。**そこに左右の肩を入れ換えるようなヨコの動きが加われば、もっとしっかりと飛んでいたはず。**

野球の本を読んでわかりましたが、今まで私は、ボールを投げる動作を身体の右半分だけを使い行なっていました。これが30メートルしか飛ばない投げ方です。大リーグの投手は投げ終わったあと、投げた反対側に身体がバーンと回転していますよね。マウンドからよれて、倒れ込むような動作です。あの動きは、軸に対して左右の肩が入れ換わることで起こります。右利きのピッチャーなら、左肩があったところに、ボールを投げた右肩がすっ飛んでくる感じです。スポーツの種類は違えど、肝は同じだという動かぬ証拠ですね。実際、野球の本にも、大リーグの投手の動きとテニスのサービスの動作が一致するような意見が書かれていて納得しました。

サービスやスマッシュで、スコーンと気持ちよく打てない方は、右半身だけで、しかも縦振りで打っている証拠ではないでしょうか。体幹がクルッと回っていないのだと思います。

ポイント

サービスもスマッシュも、野球の投球動作のように、打つ前と打った後では、左右の肩が入れ替わるのが基本。

#5 理系なプラクティス

教科書には決して載らない
魔法の練習

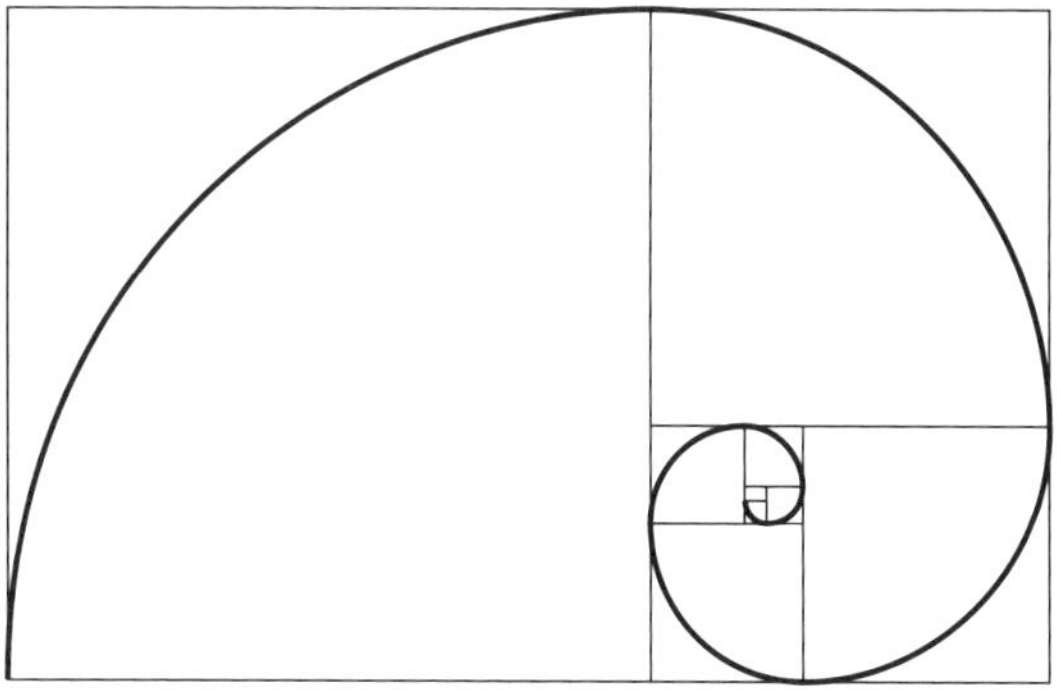

イメージと現実のギャップを埋める

田中信弥

最短上達法のひとつは、自分のフォームや試合をビデオで撮影することです。最近は、スマートフォンで簡単に撮影できるので、ビデオを撮るプレーヤーが増えていますが、やはり上達が早まる方が多いです。なぜなら、客観視できるからです。私たちは、「こう打っているはず……」と勝手な脳内イメージを持ちます。これが、ほとほとズレている。実際の姿と著しく違う場合がほとんどなわけです。そして、ビデオ撮影が一般的でなかった時代は、間違った脳内イメージを払拭する方法がなかった。なので、間違いに気付かず、上達することが難しかったわけです。

ところが今や、撮影することで現実の姿がすぐに見られる。すると、「えっ？　自分って、こんな変なフォームで打っていたの……」と、ショックを受けながらも客観視する。そして、「じゃあ直さなければ！」と、すぐに矯正に着手できるようになったため、上達時間を早める方がたくさん出てきたわけです。

プロはなぜうまいのかというと、脳内イメージと現実のギャップが少ない。つまり、頭の中でイメージ化した自分のフォームと、映像で撮った自分の姿にギャップがないわけです。なので、ジョコビッチ選手に代表されるように、基本的にプロは人のモノマネがうまい。他人のフォームであっても、目から入れた情報を頭の中で正確にイメージ。そのイメージを、自らの身体を使い、そっくりに体現できるのです。

もちろん、ここまでなるには訓練が必要です。その訓練のひとつが、自らのフォームを撮影&映像チェックすることなのです。頭の中でイメージ化して打ったフォームが、映像で確認しても同じかどうか？　これを幾度となく行なう。そうしているうちに、脳内イメージと現実の姿が徐々に一致していくようなるのです。

余談ですが、昔、ウィークエンドプレーヤーのフォームチェックを映像で行なうイベントがありました。8人の参加者のフォアハンドを撮影後、クラブハウスで解析を行ないました。そして、赤い派手なウエアを着た女性の方の番が来たとき、事件は起こりました。「これ、私じゃありません！」と、映像の中にいる自分の姿を見た女性が言い放ったのです。「誰がどう見てもあなたでしょう」と、私を含むスタッフ、参加者全員が心の中で思っても、その女性は頑《かたく》なに譲《ゆず》らない。初めは冗談を言っているのかと思いましたが、表情を見ると悲壮感が漂い、目にはうっすらと涙が。見たことがなかったのです。今まで自分のフォームを一度も。そして、頭の中のイメージでは颯爽《さっそう》とかっこいいフォームで打っていたのでしょう。それが、現実と照らし合わされたとき……。あなたも頭の中でイメージする姿と、ビデオ撮影した姿を見比べてみてください。

なにを優先して練習するか

松尾衛

ダンススタジオなどは、鏡張りの場所がありますよね。インストラクターの動きと自分の動き、ほかのレッスン生の動きを鏡で見ながら比べることができます。

なぜ、テニスは鏡張りの場所をつくらないのでしょう？　あとで映像を見直すのもいいですけど、やはりリアルタイムで見ることも大切です。テニスにはダンススタジオのような環境がないので、自分がどういう動作をしているのかわからないのです。これが上達を遅くする原因のひとつになっていると感じます。

もうひとつ、試合というのは、〝緊急事態〟の連続ですよね。ちゃんと構えられる時間が少ない。体勢が崩れたまま打たなければならないケースもあります。そんなときは瞬間的に面をつくり、ブロックするように打たなければ返球できません。ところが、このことをわかるまでに時間がかかり、すべてフルスイングで試合を行ない、まったく試合にならずに負けたことがあるのです。

ラリーにしてもハーフスイングがメインなのに、練習ではフルスイングがメイン。面を合わせて打つだけという練習が非常に少ないのです。

で、田中プロが教えてくれたのが『ハーフスイングセミナー』です。ハーフスイングができるようになると、態勢が不十分のときでもミスなく返球できるようになる。つまり、普段から緊急事態のことをちゃんと考えて練習を積む。これをやっておくだけで、ミスは激減するのです。試合を有利に進めるには、緊急事態の練習は欠かせませんね。

実は、重要なものをたったひとつ選んでください、という問いかけが重要です。緊急事態にはやれることが限られているので、3つ、4つのことは無理です。このときにはこのことだけは死守、とか。えてして専門家は、ひとつには絞りきれない、と言うものです。

ブラックホールの名付け親、ホイーラーという物理学者の話をしましたが、彼は常に「そのことをひと言で説明しろ」と言ったそうです。ひと言で考えを表す練習を、普段から行なっているのです。

例えばテニスの練習で、たったひとつだけ行なえるとしたらなにをするか？　そういう問いかけがあったとき、「サービスです」と、ひと言で言えるのは、かなり重要な視点だと思います。

ボールを打たないほうが上達が早い？

田中信弥

なぜ、ボールを打たないほうがうまくなるのか

動物は、自分の命を守るために、物音や動きに敏感に反応しますよね。これは、我々人間も同じです。我々も動物なので、物事に反応する性質を持っているのです。そして、この反応があるからこそ、テクニックがなかなかうまくならないのです。

あなたが、よいフォームをつくりボールを打とうと考えても、いざボールが飛んでくると、ボールの動きが気になる。そして次には、「ボールをコートの中に入れたい！」という気持ちがひょっこり顔を出す。するとどうなるか？　よいフォームづくりに100パーセント集中できないわけです。そう、起こる出来事や気持ちに反応してしまう。ラリー中の約1秒という時間の中で、フォームづくり以外のことに反応する。これでは、フォームづくりに意識を集中させることは不可能です。

人間、反応には抗《あらが》えません。ならば、フォームづくりをしたいときにボールを打つことは、極

めて効率の悪い練習をしていることになるわけです。もちろん、プロ選手や、プロを目指すトップジュニアであれば、ボールを打ちながらフォームづくりをしても構いません。なぜなら、練習量が圧倒的に多いからです。練習量が多ければ、反応に負け、フォームづくりに没頭できない時間帯があっても、その後に何回も何十回も何百回も修正するチャンスがあります。ですから、プロ選手のように圧倒的な練習量を確保できるなら、ボールを打ちながらフォームづくりをしても大丈夫です。

でも、そこまでの練習時間を確保できないウィークエンドプレーヤーは？　短い練習時間の中でさまざまなことに反応しているうちに、あっという間に練習終了。「今日も、フォームづくりに没頭できなかった……」という日々を重ねることになるでしょう。

そして、もうひとつ。ウィークエンドプレーヤーがボールを打ちながらフォームづくりをしてはいけない超現実的な理由。それが、練習相手に気を遣う、ということです。あなたも、常識のある立派な社会人ですから、経験があると思います。「相手の打ちやすいところに打たなければ……」「やっ、やばい。変な所に打ってしまった。すっ、すみませぇ～ん」と、練習相手のことをおもんぱかる。練習相手になってくれた方の、打ちやすい所にボールをコントロールしようと頑張る。これは、真摯《しんし》な大人、ジェントルマンとしては最高です。

ただ、人間、一度にいくつものことはできません。なので、あなたの思考が相手の打ちやすい所にコントロールしなければとか、ミスしたら迷惑がかかるなどに向いていれば、当然、フォームづくりはおろそかになります。

プロ選手や、プロを目指すジュニアを見てください。彼らは、練習相手のことなど気にしません。「自分のための練習!」と、お互いが共通認識を持ったうえで、ガンガン、バンバン、好き勝手に打ち込む。フォームづくりをするときは、もちろん100パーセントの思考が自分に向きます。このような現実を比べると、ウィークエンドプレーヤーの置かれている環境で、ボールを打ちながらフォームづくりをすることは極めて困難なことがわかります。

では、いったいどうすればいいのか? おすすめのひとつが、素振りです。素振り練習。**素振り練習なら、あなたはフォームづくりに専念できます。**練習不足も補えます。ボールが飛んでこないので、相手コートにミスなく返球しなければと思考を奪われることもありません。単純にフォームをつくることだけに専念できるのです。

素振りという、誰にも邪魔をされない、反応の入る隙間もない、理想郷の世界でフォームづくりを完璧に行なう。そして、その後にボールを打つ練習に入る。この2段階練習法こそが、ウィークエンドプレーヤーのテクニックを劇的に上達させるのです。

間違えないでください。**ボールをたくさん打つからうまくなるのではありません。正しいフォームでボールをたくさん打つから、うまくなるのです。**

テニスは神経スポーツなので、間違ったフォームでボールをたくさん打てば、間違ったフォームが身につきます。これは、多くのウィークエンドプレーヤーが思う以上に怖いことです。「たくさんボールを打って練習してきました」と、レース後の競走馬のように鼻を大きく膨《ふく》らませ、自慢しに来られる方がいますが、フォームを拝見すると目を覆うほど悲惨な状態。確かに、たくさんボールは打ったのでしょうが、残念なことに間違ったフォームで練習を積みまくった。なので、取り返しがつかないほど間違ったフォームが身体に染みついている。こんな努力が水の泡、無駄な努力の積み重ねという、笑えない現実もあるのです。

素振りがかっこよくできなければ……

素振り練習をしているウィークエンドプレーヤーは少ないですよね。そして、頑張って素振りをしている方も、間違った振り方をしていたら危険です。素振りといえども、神経がその振り方を覚えるからです。なので、たとえ素振りでも気を抜かない。きちんと正しいスイングで振る。これが、極めて大切となります。

ウィークエンドプレーヤーに、よく言う言葉があります。

「素振りをかっこよく振れない者が、かっこいいフォームでボールを打つことはできない！」

素振りは、自分の好きなようにラケットを振れます。対戦相手もいなければ、ボールもない。振り方を乱すものがなにもないからです。この環境で、かっこいい理想のフォームでラケットを振れないとしたら？　えぇ、広いコートを走り回る。対戦相手が嫌がらせをしてくる。そんな劣悪な環境である実戦で、かっこいいフォームでボールを打てるはずがないのです。だからこそ、最低限、**素振りではプロのようにかっこいいフォームでラケットを振る。ここを、まずは目指してもらいたい**のです。

先ほども述べたとおり、一日に何時間も練習するプロやトップジュニアなら、ボールを打ちながらフォームを修正できます。間違ったフォームを直すだけの、時間的猶予《ゆうよ》があるからです。ですが、ウィークエンドプレーヤーは、プロやジュニアと同じ練習時間を確保することは不可能。すると、今はユーチューブなどで世界トップ選手の打ち方を見ることができるので、憧れの選手のフォームを真似して素振りを繰り返す。この素振り練習法が、ものすごく現実的であり、かつ有効なのです。

とくに、フォームづくりや、フォームの矯正をするときは、自分の理想どおりに練習できる環境が必要です。つまり、どこに飛んでくるかわからないボールを必死に追いながらフォーム矯正するのではなく、フォームづくりだけに専念できる素振り練習を行なう。一日10分でも構わないのでやり続ける。これができると、飛躍的にフォームがきれいになることを私は知っています。

正しい素振り練習法とは？

素振りで意識するポイントは、基本、**テイクバックとフォロースルーの2点**です。よく、インパクト面をつくる素振りをするプレーヤーがいますが、百害あって一利なしの場合が大半です。インパクトは、1000分の3〜7秒という一瞬の世界。本来は、面がどうなっているかなど誰にもわからないのです。ところが、ユーチューブなどにアップされるスーパースローの影響で、1000分の3〜7秒の世界が、あたかも手が届くように感じられるようになった。そのため、インパクト面だけを切り出し、前後の動きとつながりのない素振りをされる方が増えたのですが、これは非常に危ない素振りとなります。

たくさんのウィークエンドプレーヤーが私の前に来て、「田中さん、インパクトはこうですよね？」と素振りを見せてくれるのですが、取ってつけたような、ぎこちない素振りの方がほとんどなのです。おそらく原因は、連続動作のごく一部を切り取って素振りをするため、身体の動きの滑らかさを体現できなくなったと考えられます。つまり、スーパースローの一部を切り取り素振りを行なうと、現実的な振り方と違う振り方を、身体がインストールする危険性が高いというわけです。

加えて、インパクトゾーンを意識して素振りをしてきたプレーヤーは、ボールを打つ練習となっても、振りがスローのままであることも多いのです。当たり前かもしれません。人間には、ミラーニューロンというモノマネ物質が備わっているので、スーパースローのインパクトを真似していくうちに、コート上でもスローな振りになることは大いに考えられるからです。

繰り返します。現実世界のインパクトゾーンは、１０００分の3〜7秒の高速世界です。本来、人間である我々では意識できない世界がそこにはあるのです。なので、インパクト付近は意識しすぎない。**意識できるところは、スイングスピードの遅いテイクバック地点と、スイングが完了するフォロースルー部分だけなので、まずはこの2カ所を意識して素振りを行なうこと**をおすすめします。

極秘！　セルフ球出し練習

今まで、素振り練習法について述べてきました。ですが、「やはりボールを打つ練習もしたい」という気持ちもあるかもしれません。大丈夫です。素振り練習を推奨する私ですが、ボールを打つ練習は大好き。そこで、ここではボールを打ちながらも相手のことは考えなくてもよい。そして、相手が打つ嫌らしいボールに反応してしまい、フォームづくりそっちのけ、という懸念も持たなくていい。そんな、フォームづくりに大変に便利でありながら、しっかりとボールも打てる

この練習に慣れてきたら、ボールを投げ上げる場所を左右前後に変えてみよう。さまざまなボールに対応する力も養えるようになる

練習法をご紹介します。

セルフの球出し練習です。コーチの球出しを受けるのではありません。お仲間に球出しをお願いするのでもありません。あなた自身で球出しを行ない、練習するのです。

初めは、あなたの身体の近くにボールを投げ上げてください。手でも、ラケットで軽く打ち上げても構いません。そして、落ちてきたボールを、正しいフォームでしっかりと打つ。これがセルフ球出し練習です。セルフ球出し練習を、素振り練習と併用すると、まさにフォームづくりのハイブリッド。鬼に金棒的な練習となります。

セルフ球出し練習のよいところは、相手からの圧力がないこと。相手に配慮し、打ちやすいボールを打つ必要がない。ミスしても、誰に気兼ねすることもないのです。そして、素振り練習で覚えた正しいフォームを、セルフとはいえ、ボールを打って試せる。これが大きな魅力です。つまり、**ボールを打つ楽しみは残しつつ、ストレスだけを軽減させた練習法が、セルフ球出し練習**というわけです。

この練習なら、無理なく正しいフォームで、しかもボールを打ってうまくなれます。そして、セルフの球出し練習をバージョンアップさせると、ものすごい練習法に変わります。

身体の近くにボールを落とすだけでなく、前後、左右、高低差をつけてボールを手出しする。そのボールを、ダァ〜と追いかけていき、きっちりとしたフォームで打つ。これができれば、実戦と似た状況で練習を積むことができるのです。いえ、自らの手出しでボールを出せるので、やりようによっては実戦以上の厳しいシチュエーションをつくることも可能です。

重要なことは、素振り練習と同じく、フォームづくり中心の練習ができること。予測・判断、相手のことなどを、一切考えずに練習できる。松尾さんが言うカンナ理論のように、まだ発展途上のテニスプレーヤーが、相手とラリーしながらも同時にフォームづくりも完璧に行なうという、非現実的な無理難題にチャレンジしなくてもよくなるのです。

どのスポーツにも基本練習がたくさんある

松尾衛

「素振り」と「セルフ球出し」という話でしたが、すごく興味が湧《わ》く方法です。

仲間を集めてプレーする、スクールなどに参加してテニスを行なうのは、当然のことながら時間がかかります。そして、自分の好きな練習、自分に必要な練習が必ずしもできるわけではない。でも、素振り練習法やセルフ球出し練習法なら、プロと同じように自分に本当に必要な練習ができる。これは大きな魅力です。

時間に追われながらも、どうしても上達を果たしたいウィークエンドプレーヤーは、「どうやって限られた時間の中で周りをごぼう抜きできるのか？」を、真剣に考えなければなりません。そう考えると、格闘技の練習も田中プロの考え方に似ています。

格闘技は、スパーリング練習ばかりではありません。ボクシングでも、シャドーボクシング、ミット打ちなど、相手のいない基本練習がたくさんあります。もっと言えば、全体の練習時間に占める割合としては、意外にスパーリングは少ない。これをテニスに置き換えて考えると、練習試合やラリー練習が少ないことになります。もちろん、コンタクトスポーツとラケットスポーツを同一線上で語ることはできませんが、基礎を固める重要性という観点から見れば、かなり大きな上達の秘訣がここにあるように感じます。

だから私は、素振りにはたっぷり時間をかけました。もちろん、ただひたすら力任せに振ったわけではありません。それでは、うまくなりませんし、疲れるだけで長続きもしません。

いろいろと試す。変化させるパラメーター（限定要素）を考えながら振るのです。動きを止めて、分解して、素振りの中の一部分だけを重点的に振ったりして、最終的に全体フォームを完成させていく。このように、素振りは相当に工夫して練習したので、今があると思っています。

ポイント

フォームづくりに特化する場合、相手に気を使わずにできる一人での素振り練習が最適である。

効果的なビデオ練習法とは？

田中信弥

先ほど、脳内イメージと現実のギャップを埋めるのは、ビデオ撮影が効果的という話をしました。そこで、ここではさらなるビデオ練習法をご紹介します。

人は、自分に興味があります。誰がなんと言おうが自分が最優先。これが人の本音です。なので、ビデオ撮影を行ない、分析するときも、いの一番に自分のプレーに注目するわけです。「ああ、またミスした……」とか、「あっ、この打ち方おかしい……」とか。もちろん、それはそれで大切です。必要なことです。が、どうせビデオを見直すなら、やはり対戦相手の分析。こちらにも、今まで以上に力を注いでほしいのです。なぜなら、やはり対戦相手の分析に力を注いだ人と、注がなかった人を比べると、分析した人のほうが断然に勝率が高いからです。

テニスは対人スポーツです。なので、自分磨きも大切ながら、対戦相手の分析をどれだけできるかが、大きく勝率に響くのです。そう、対戦相手を見る。しかも、一時は対戦相手だけを見る。このようなビデオ使いができると、あなたのテニスは格段にレベルアップするのです。

対戦相手だけを見るとは、いったいどういうことか？　実は、「対戦相手を見ています」と言いつつ、実際はラリーを見入ってしまう人が多いのです。テレビで見る、世界トッププレーヤー同士の試合なんかは顕著で、「すげぇ〜！」と言いながら、眼球がテレビ画面を上下する。確かに、2人のプレーヤーを見ていることにはなりますが、これでは深い分析は難しいのです。

なので、あなたが自分のビデオ分析を対戦相手にフォーカスして行なう前に、世界トップ選手の試合で一方の選手だけを分析する練習をしてください。やり方は簡単。TV画面の、上半分か下半分のどちらかを透けない下敷きやノートなどで隠す。すると、否が応でも1人の選手しか目に入ってこなくなるわけです。そこで、分析開始。ボールが自コートに入る前から動き始めていること。つまり、予測・判断を使い、テニスをしていることが見て取れる。そして、フットワーク、ステップ、リズムの取り方、バランス等々の素晴らしさを勉強するのです。

世界トップ選手で練習できたら、今度はあなたの試合を録画したビデオを見て、対戦相手だけを分析します。世界トップ選手と同じように、ボールが自コートに入る前から動き始めているだろうか？ つまり、予測・判断を使い、テニスをしているだろうか？ これを分析する。そして、フットワーク、ステップ、リズムの取り方、バランス等々に穴はないか？ つぶさに、つぶさに分析するわけです。

すると、「おっ、試合中はうまいと思っていた対戦相手だったけど、打ったあとにバランスを崩すことが多いぞ。ということは、2球目、3球目にドロップショットを打てば、結構、決まるのかも……」との有効戦術が見えてきたりするわけです。

絶対に忘れてはいけないことは、どこまでいってもテニスは対人スポーツであるという事実。

相手のいるスポーツは、相手を正確に理解すること。これが勝つために不可欠だということです。

イラストのように画面半分を隠すことで、一方の選手の動きしか見えなくなり、予測や判断、動き出しなど、打つシーン以外の細かい動きをチェックして学べる

つまみ食い練習法のすすめ

松尾衛

田中プロの話す、撮影した映像の有効活用は目からウロコでした。

なぜなら、まさに私が、試合を撮影したビデオで自分のプレーしか見ていなかったからです（笑）。「あぁ、思った以上に悪い打ち方をしている」とか、「うへっ、こんな打ち方？」など、ナルシストになったがごとく、自分のプレーばかりに注目していたのです。

ところが、何度も何度も飽《あ》きるくらい見ているうちに、ビデオの見方が変わりました。もう、自分のことはどこも分析するところがないくらい見たあとは、とうとう対戦相手に目が行くようになったのです。これは、かなり衝撃的な体験でした。

田中プロの試合の見方を聞いて、なるほどと膝を打ちました。ひとりの選手だけを集中的に見ることは、かなり大きなアドバンテージを握れるようになるのですね。世界トップ選手の試合を見るにしても、ひとりの選手を追って見ることで、今までとはまったく違う要素を勉強できる。吸収する要素が、まったく違ってきそうです。

今は、スマートフォンでも動画が見られる時代ですから、下敷きを使わなくても片手で画面半分を隠せますからね。

私は以前、予備校講師や家庭教師をしていました。そこで気付いたのが、参考書や問題集を最後までやりきらないと、次の本に手をつけないでつまずいている生徒さんが多いことです。「つまみ食いをするな！」と、先生に言われたのかもしれません。

もちろん人にもよりますが、つまみ食いを推奨することでどんどん学力がつく生徒さんもいるのです。なぜか？　10割に到達したいとき、難関となるのは最後の2割。最後の2割は、最初の8割を修得するより何倍も時間がかかるのです。なので、問題集も半分くらいやって疲れたら、やめたらいい。最後のほうの高いレベルの問題がやりたければ、もっとレベルの高い問題集の序章をやればいいのです。そのほうが楽ですし、人によっては短期間ではるかに高いレベルに到達できます。でも、真面目な人ほど、「これができるまで次に行かない」と頑なになり、つまずいてしまうようでした。

研究現場も、つまみ食いだらけです。自分の得意分野だけでなく、詳しくない分野の知識も要求されるのが、研究の現場だからです。このとき、詳しくない分野の基礎知識だけを熟読しても、まず役には立ちません。基礎的な本だけでなく、今すぐには解読できそうもないハイレベルな本もどんどんつまみ食い勉強をするのです。先ほども言ったとおり、基礎的な本を10割理解しようとすれば、最後の2割は初めの8割を習得する何倍もの時間がかかります。そんなことをしていたら、時間がいくらあっても足りません。なので、基礎的な本をある程度理解したら、今度はハイレベルな本の序章を眺める。この勉強法のほうがはるかに楽ですし、はるかに高いレベルに到達できます。なによりも、先につまみ食いしておくと、なにに役立つかということを感覚的に理解できるので、後々の見通しがよくなるのです。

テニスでいえば、**今の自分のレベルでは高すぎるようなテクニックも、自分が好きなら学んでしまえばいい。そして、それがなんの役に立つかを知っておけば、あとの成長が早くなる**わけですね。だから私は、テニスもつまみ食い勉強法を活用することで、圧倒的に早く上達できたのだと自負しています。

「繰り返し同じことをミスしてもいい！」という環境、考え方も必要です。繰り返しミスをすることで、人間は覚えられるわけですから。なのに、「ミスをしてはいけない」「何度、同じミスをするのだ」「つまみ食い勉強をしてはいけない」「一度教わったことは繰り返し聞いてはいけない」などと言われるのは、本当に残念です。少なくともテニスは学校の勉強とは違うわけですから、ある程度自分の意向に沿ってやっていいと思います。

私が物理の研究をやるにあたっても、物理学のことも当然調べますが、「これって本当に関係あるのかな？」という周辺資料も集めます。なにが求める答えに引っかかるか、わからないからです。例えば研究内容において上級編に属することが、ほかの分野の初級編であることが結構あるのです。

これをテニスに置き換えると、スプリットステップだったり、フェデラーのアイソレーションだったりは、テニスの上級者でも難しいテクニックですが、あえて導入する。つまみ食いする。「初中級だから、フェデラーのアイソレーションを導入するのはまだ先」なんてしないということです。

ヒップホップの話でいえば、初心者クラスで、テニス上級者のスプリットステップの動きに相当するダウンステップを習います。準備体操では、肩だけ動かすアイソレーションも行ないます。初心者クラスの初日に習うのです。ということは、テニスとヒップホップを同時に習っていたら、明らかに同じレベルの方とは差をつけられる。テニスで習う上級テクニックを、ヒップホップで補填しているからです。これが「つまみ食い」をおすすめする理由です。

ひとつのことだけ、その分野のことだけに固執していたら、いつまでたっても習得できないこともあるわけです。上達の時短はもっともっとできるのです。

誰も知らない上達法

田中信弥

エアテニス練習法

あなたは、「エアテニス」を知っていますか？　有名なところでは、音だけ出さず、弾く格好はまさにギタリストそのものの、エアギターがあります。で、エアテニスも同じように、ボールを打たずに試合をするのです。

「本当に、そんな練習法あるの？」と、びっくりされたかもしれませんが、エアテニス練習法は由緒正しき練習法です。なぜなら、私がオリンピック&日本代表コーチを務めていた時分、日本代表選手や日本代表ジュニアが採用していた練習法だからです。

練習の意図は明確です。対戦相手の動き、打ち方のみで、ボールの飛んでくるコースを見抜く。そして、そのボールに対しての適切な返球を、自分もエアテニスで行なう。つまり、ボールを見なくても、予測・判断を正確に行なえるようになる目的が、エアテニスにはあるわけです。

主に日本代表ジュニアに課した練習だったのですが、時々、日本代表選手が手伝ってくれました。つまり、エアテニス対決で、未来を背負う若者を鍛えてくれたのです。

ボールを地面につく仕草から、エアサービスを打ちます。そして、コースを読んだリターナーがエアリターン。（ボールはないが）返球コースを見たエアサーバーは、ラリーに持ち込む。あとは試合さながらの動きが、コート上で繰り広げられるのです。

そして、ゲームが動きます。「えっ？　今はクロスに打ったのだけれど……」と対戦相手から〝物言い〟がつくのです。そう、予測・判断のミスが出るわけです。面白いことに、〝物言い〟をつけるのは、ほぼ日本代表選手側。つまり、ランキング下位者である日本代表ジュニアは、相手の打ち方やボール軌道（ボールはありませんが）を見誤って動くことが多いのです。

時に日本代表選手は、「おい、今の体勢からクロスは打てないだろう？」と、自らの打ったボールの厳しさに対し、間違った返球姿勢を見せた日本代表ジュニアに詰め寄ります。そして、ほとんどの試合が6対0で日本代表選手の勝ち。面白くないですか？　ボールがあればわかりますが、ボールがなくてもランキング差どおりの試合結果となるわけです。

言い換えれば、日本代表選手は対戦相手をしっかりと見切っている。自分の打ったボールが、相手に与える影響もわかる。そして、裏を返せば見切る力を養うために、ランキング下位者はエアテニス練習法を導入するべきと言えるわけです。

プロ選手の練習が単純な理由

「意外でしたが、プロって、そんなに特別な練習はしないのですね」と、時々言われます。まさにそのとおりです。

テニスはうまくなればなるほど、練習メニューが単純になります。なぜか？　練習メニューが単純でも、頭の中で複雑で緻密な計算をしながら、ボールを打ち続けることができるからです。言い換えれば、ただボールを打つだけの練習に見えても、頭の中では絶えず試合をしている。こんな芸当ができるようになるのがプロなのです。

「相手のボールの弾道が高い。しかも、コート深くに入ってきた。下がって打ってはいけない。たとえ返球できても、次のボールで手痛い攻撃を受ける可能性が高いから。ライジングだ。ベースラインから下がらず、ライジングで打ち返そう。ただ、ライジングで打つにしても、いつもよりスピンを多くかけよう。そうすれば、たとえ少し返球が浅くなっても、ボールの弾みで攻撃を防げるから」

このような内部対話を、わずか1秒足らずのラリー中に、いつも行なっているのです。なので、プロの練習は単純。頭の中で、深いテニスを行なうわけです。

反対に、プロ以外は練習メニューを用意する必要があります。圧倒的な経験不足と、まだまだ情報処理能力が遅いため、頭の中はボールをうまく打つことでいっぱいいっぱい。なので、パターン練習を用意し、こなすことで、疑似体験を増やし、徐々に頭の中で試合を行なえるように訓練していくのです。

ウィークエンドプレーヤーも、地頭はいいですが、テニス脳は未開発です。そのため、パターン練習を取り入れ、情報を蓄積する。そして、少しずつ普通の練習メニューを、頭の中で試合に変換できるようになってください。

あなたの周りで、パターン練習をたくさん行なうウィークエンドプレーヤーはいないはずです。なので、あなたが行ない続ければ、知らぬ間に圧倒的な差をつけることに成功するでしょう。

ポイント

単純な練習でも、考えながらボールを打つ人とやみくもに打つ人との間には、信じがたい差がつく。

頭の使い方で練習の効果は倍増する

松尾衛

見た目と頭の中は、こんなにも違うのですね。これは絶対に傍目《はため》からは判別できません。だから練習するにしても、例えばボレー対ボレーをするときに、試合の場面を想定しながら相手にボールが飛ぶように打つわけですけど、実はアングルショットを想定して打っているというふうにすると練習メニューは変わりますよね。**自分の脳みその使い方次第で何倍もの効果を発揮する練習になります。**壁打ちもしかり。以前、ジョコビッチ選手が壁打ちを工夫している映像を見たのですが、そこでは壁に着弾したタイミングにぴったりスプリットステップを合わせていました。私は漫然とした壁打ちしかしていないので、これもショックでした。

テニスの試合で強くなるには、結局、オンコートでボールを打つ時間を増やし、経験値を上げるしかないと思っていました。私以外のウィークエンドプレーヤーにも、そのような方は多いでしょう。しかし、そうだとすると、限られた時間ではなかなか難しく、いつまでたっても上級者の方との差が埋まらない。でも、練習における頭の中身を変えることや、「エアテニス」などで実戦感を高めることで差を縮めることができる可能性を感じました。

左を制する者は試合を制す

田中信弥

ボクシングに、「左を制する者は世界を制す！」という格言があります。フィニッシュブローを打つ前に、相手にダメージを与え続けるのが左ジャブの役目です。そして、これはテニスの攻撃の考え方とまったく一緒なのです。

例えば、ナダル選手。彼の〝左ジャブ〟は、フォアハンドのクロスです。右利きプレーヤーのバックハンド側に高く弾む、クロスコートショット。このショットが強烈に弾むので、バックハンドで打たされた右利きプレーヤーは、思わず甘い返球をさせられる。そこにフィニッシュブローである、高い打点からのフォアハンドストレート、回り込んでの逆クロスフォアハンドが炸《さく》裂《れつ》。まさに、「左を制する者は世界を制す！」が体現されるのです。

２０１４年から16年のあいだ、ナダル選手は勝てない時期がありました。もちろん、ケガなどもあったのですが、時代の流れからいうと、バックハンドの高い打点を苦もなく叩ける選手が多数出現したこと。これが勝てなくなった理由のひとつだと分析しています。

代表選手を挙げるなら、やはり錦織選手。彼のバックハンドは、「世界一」と松岡修造氏が断言していますが、ナダル選手の高く弾むボールを苦にしない。逆にバックハンドの高い打点から、ストレートへ、クロスへと自由自在にエースを奪う。今までの時代ではなかったことを行なうので、ナダル選手を苦しめることができたわけです。

一方、ナダル選手からすると、左ジャブを失ったことになります。そこで、２０１７年に世界ナンバーワンに完全復活を果たすナダル選手は、新たな左ジャブを身につけ再登場となったわけです。果たして、新たな左ジャブとは？　バックハンドのクロスコートショットです。もともとナダル選手のバックハンドは、打ち方に少し癖があります。どちらかというと、ストレートに飛びやすい打ち方でした。ところが、完全復活を果たした２０１７年には改良されていた。今まで以上に鋭角なクロスコートショットを、バックハンドで打てるように進化していたのです。

バックハンドのクロスショットが進化したことにより、フォアハンドのクロスと併せ、「左ジャブがふたつになった！」というのが私の見解です。ですからその後、対戦相手はフォアハンドのクロスを防いでも、バックハンドのクロスで追い込まれる。以前にも増して、息つく暇もない過酷な試合を強《し》いられています。

錦織選手のフォアハンドエースも、よく注目されます。ですが、実際はその前のショット。つまり、左ジャブ的なショットがあってこそのフォアハンドエースです。彼の左ジャブは、バックハンドのクロスとストレートの両コース。このショットで、対戦相手の体勢を崩し、フラフラになったところに伝家の宝刀フォアハンドが繰り出されるわけです。

極論ですが、**フィニッシュブローであるチャンスボールをたくさんミスしても、左ジャブ的なショットがずっと入っていれば、試合に勝てます。**試合中に打つチャンスボール数は、左ジャブ的なショットを打つ数に比べれば、圧倒的に少ないからです。テニスは確率論のスポーツです。そのため、打つ機会の多い左ジャブの精度が高いほうが結果はよくなるのです。

左ジャブは、必ずしも自分のいちばん得意なショットとは限りません。フェデラー選手は、フォアハンドが最も得意といわれていますが、左ジャブはバックハンドで打つことが多いです。もちろん、フォアハンドでも左ジャブは打ちます。ですが、量的に見れば、バックハンドで打つほうが多いのです。

ジョコビッチ選手も、フェデラー選手と似ています。いちばん得意なショットは、フォアハンド。でも、左ジャブ的なショットを多く打つのはバックハンドです。

もちろん、左ジャブがサービスであっても構いません。１９９０年代の世界チャンピオン、ステファン・エドバーグ氏は、スピンサービスを左ジャブにして戦う感じでした。大事なことは、自分にとっての左ジャブを見つけることです。

左ジャブはゲームの組み立てにも役立つ

松尾衛

ナダルの復活劇の裏側には、新たな左ジャブの誕生があったというのは驚きでした。新たな左ジャブとなったバックハンドのクロスショットと、以前のショットの映像を比較してみたくなりました。

一般的にフィニッシュブローは、テレビなどでもよくスロー再生されます。試合中も、最後に決めるすごいエースに目が行きがちです。だから、とても目立ちますし、印象に残る。でも本物は、左ジャブに着目する。ここが、プロとアマチュアの視点の違いですね。フィニッシュブローまでになにをやっているか？　どんな左ジャブを打っているか？　ここを見ることのほうが大切なのですね。

テレビ中継でも、「左ジャブをリプレーしますね！」という時代が来てほしいくらいです。地味すぎて、クレームが来そうですが……（笑）。

「左ジャブを探せ」、このひと言に尽きますね。それは結局、自分にも当てはまります。どんなボールが打てるから、そのボールを左ジャブとして使って相手を崩そう、という戦略が立てられます。全部鋭いショットで決めようとしてしまっていますからね。

そういうことがわかってくると、組み立てもできるようになってきますよね。これはとても重要です。左ジャブを見つけるだけで、テニスが劇的に変わるわけですから。これが見えるから、「だからこのショットの練習をしよう」と目的も持てますからね。サービスがどっちに行きやすいとか、そこらへんは着目しやすいところですけど、相手のプレーヤーの左ジャブはなんだという観点は、今まではなかったので、とても新鮮であり、目からウロコでした。

ポイント

ウイニングショットにつながる、〝左ジャブ〟的なショットを身につける。

あとがき

田中信弥

「感謝」

この本を出版するにあたっては、感謝という2文字しか浮かんでこない。

まず、『勝てる！　理系なテニス』を手に取ってくれたあなたに心からの感謝を。書棚に手を伸ばし、あまたのテニス本の中から本書を親指と人差し指で引っ張りだし、ワクワクした気持ちでレジに並んでくれたあなたには、本当に感謝しています。もちろん、インターネット上でスクロールし、本書が現われたところでポチッとボタンを押してくれたあなたにも深く感謝です。

ウィークエンドプレーヤーのテニス再生機関『瞬間直し実践会』の懇親会で、理論物理学を駆使したテニス論を披露してくれた松尾さんには、敬意を込めた感謝を。「ウィークエンドプレーヤーのテニスに明るい未来を届けましょう」と、時計の針が23時を回ったところでガッチリと握手をした瞬間、「理系なテニス」の誕生が決まったことは生涯の思い出です。

日々、私と共にテニス上達を追求する『瞬間直し実践会』の会員さんには、同志として感謝を。あなたの実践があってこそ、確信を持ったメソッドやノウハウを世に送り出せる。机上の空論にならずに済むのは、紛《まぎ》れもなくあなたのおかげです。

出版はチームプレー。なので、プロ球団が選手のプレー以外のすべてを面倒みるように、執筆以外のすべてを取り仕切ってくれた酒井陽様に感謝します。編集者として、打ち合わせ、イラストの写真撮影、構成などを手がけていただくとともに、私の遅筆を忍と笑顔の両輪で許してくれたことに心の底から感謝です。また、新装版の刊行にあたり、日本文芸社の坂将志様にも感謝いたします。

本書は、私にとって初めての共著です。背景には、私の現場理論を理論物理学の観点から紐解いてもらいたいという願いがありました。そうすれば、巷にはびこる都市伝説的アドバイスに右往左往することなく、時に地雷アドバイスに当たり、泣く泣く上達を諦めたウィークエンドプレーヤーを、少しでも救うことができるのではないか。そういう思いがありました。

その裏には、松尾さんの恐ろしいほどの物理計算式が生かされています。本書のカバーに少しだけ書かれていますが、素人には到底わからない複雑な計算があってこそ、あなたに正しいテニス上達法を届けることができました。まさに「理系なテニス」であり、私のテニス人生においても特別な一冊となりました。

最後に。肝心要なことは、あなたが結果を出すことです。読んで「よかったぁ」で終わりではなく、「うまくなった」「試合に勝てるようになった」とのお声を、あなたから聞きたいのです。

そのためには、本書を繰り返し読んでください。人の脳は、一度読んだだけではすべてを理解できないことがわかっているからです。なので、最低3回、できれば7回以上は読んでいただきたい。お約束できるのは、「読むたびに新しい発見があります」と、あなたに言ってもらえることです。

楽しんで勉強し続けてください。応援しています。

感謝を込めて。

松尾衛

この本は、田中プロという強力な指導者との出会いを通じて、自らを実験台にテニスに取り組んできた私の3年間の記録であり、悩めるウィークエンドプレーヤーのみなさんへのメッセージです。

田中プロは、著書『テニスは頭脳が9割』でも、社会人後発部隊には後発部隊ならではの知識、経験をテニス上達に生かせると述べておられました。私にとっては、高校でテニス部を早々に退部して、テニスに対して軽いトラウマがあったのですが、実践会メソッドが物理屋の手法と整合性の高いことで、テニスに取り組む勇気をいただきました。

我々後発部隊は、ついつい周りの空気を読みすぎてしまい、ミスを恐れ、オンコートで自らを実験台に試行錯誤することができず、結果として上達が妨げられがちです。ジュニアの頃からテニスをしてきた人とは、テニスに取り組んだ時間だけでなく、空気を読まず、ミスを恐れず思いきりボールをひっぱたいてきた経験量が圧倒的に違います。本書では、このギャップを埋めるためのさまざまなヒントを物理屋の立場からお伝えしました。

物理屋は、未知の問題にアタックするにあたり、さまざまな方法で試行錯誤を行ないます。中でも対象の本質に迫るために、「①自由度を制限する」「②パラメーターの両極端を抑えて最適解を探す」「③ミクロとマクロという視点を共存させる」というアプローチが大切です。

本文でも触れましたが、サービスやストロークの一連の複雑な動作全体を一気に理想に近づけようとするのではなく、インパクト直前のニュートラルな状態にある手首周りの「たわみ振動」と「ねじれ振動」だけに着目して動作原理をシンプルに理解するのが①の自由度を制限する一例です。グリップについては、目いっぱい強く握って振ることと、ラケットがすっぽ抜けるくらいにゆるゆるに握って振るという両極端を試したうえで、各自の最適な脱力具合を見いだすというのが②の例です。

また、こうしたインパクトの瞬間の、手首周りの微小なバネ運動という、いわばミクロの視点でスイング動作を分析することを強調した大きな理由は、従来のテニスの教科書では運動連鎖と呼ばれるスイングの一連の複雑な動作全体、つまりはマクロの視点に偏重していると感じたからです。本来はミクロとマクロの視点は相補的であるべきなので、本書ではあえてミクロ側の視点を強調することにより、③を実現しようとしています。

こうした物理屋のアプローチは、田中プロが実践会で提供されていたさまざまなメソッド群と大変相性がいいことが、すぐにわかりました。以来、オンコートでの私の目標は、田中プロが現場感覚で培《つちか》われてこられたメソッド群に、物理屋としてのロジックを統合しようと試行錯誤し、最終的には「自分自身に最適化されたテニスの教科書」をつくり上げることを目指しました。

昔から研究者のあいだでいわれている学問の勉強の仕方に、「自分用の教科書を書く」があります。他人の書いたどんな優れた教科書を読んでも、必ずしっくりとこない箇所が出てきます。こうした箇所を自分の言葉で説明できるように試行錯誤し、最終的に自分用のオーダーメイドの教科書を書いてしまうのが、最もいい勉強法というわけです。

テニスについても、すでにさまざまな教材が世に溢れていますが、その著者の限られた経験に基づいた観点のメソッドに自分を無理に当てはめようとして、上達が妨げられてしまうのはとても残念なことです。

また、我々後発部隊のウィークエンドプレーヤーは、オンコートでテニスを行なえる時間というのは限られています。でも、早く上達して、試合にも勝ちたい。できれば省エネで。こうした虫のいい（でも我々にとっては切実な）要求に対して田中プロからは、「予測・判断を鍛えるメソッド」が紹介されています。漫然とコーチの球出しに反応して打ち返すという作業を繰り返していては決して到達できない、脳みその使い方と具体的な方法論は、テニス教材でも史上初だと思います。

理論物理学の研究をする際にも、複雑な数式をやみくもに変形してもなかなか正解にたどり着けません。本文で紹介したように、ブラックホールの名付け親であるジョン・ホイーラーは、

「答えを予測しない限り手を動かすな」と言っています。当てずっぽうでもいいので、常日頃から問題の解答を予測して、計算を進めます。この「当てずっぽう」というのがとても大切で、当てずっぽうの予測はしょっちゅう外れていいのです。「予測して、外れる」を積み重ねていくうちに、予測の仕方も徐々にこなれてきて、いずれ漫然と問題に取り組むだけの人に比べて強い予測能力が身につくというわけです。当てずっぽうで外れていいのなら、気楽ですよね。オンコートでも気楽にどんどん当てずっぽうの予測をし、外れまくるプロセスを愉しむというのが大切なのだと思っています。

物理学の研究というのは、普段からやることなすことだいたいうまくいきませんし、予測も外しまくり、ミスしまくりの日々。物理屋とは、ミス多発に対して鈍感な人々と言えます。周囲の空気を読まない（読めない？）でガンガン試行錯誤します。有名な先生方の書いた教科書は鵜呑《うの》みにせず、オーダーメイドで自分自身に最適化した教科書づくりに励んでいます。

不摂生な生活から一念発起して近所のテニススクールに入会するも、初級クラスの初回レッスン直後に猛烈な筋肉痛に襲われ、足を引きずりながら帰宅したほどの私が、短期間で中上級クラスに上がってテニスを楽しめるようになったのには、「空気を読まない試行錯誤」を通じて「オーダーメイドのテニスの教科書づくり」をする作業が鍵でした。

本書がウィークエンドプレーヤーのみなさんにとって、オーダーメイドのテニスの教科書づくりを愉しむきっかけとなることを願っています。

最後に、いま私がテニスを楽しむことができているのは、多くの方々のご指導のおかげです。田中プロはもちろん、掲示板やオンコートで楽しく議論させていただいた『瞬間直し実践会』の会員のみなさま、不摂生で弱りきった状態から最新のトレーニングメニューでケガをしにくい身体づくりを指導してくださった宮城裕亮トレーナー、テニスに取り組み始めた最初期に身体操作の最適化にこだわった指導をしてくださった杉澤慎介コーチ、体育会系的ノリでガンガン球出ししてくださった穐山延将コーチ、格闘技経験者の立場から『チーム松尾』のブレインとして高効率な打撃動作に関する理論的アドバイスをくださった中堂博之博士に、心より感謝申し上げます。

無料進呈！

著書『理系なテニス』の
元となった映像を
特別に**プレゼント**します。

あなたのテニスを最先端にブラッシュアップ。
無駄な時間をカットし最速で上達する方法を
以下のアドレスを押して今すぐ手に入れてください。

http://tennis-saisei.com/

私（田中）が、実際にボールを打って見せています。
無料です。

必見！

http://tennis-saisei.com/

著者プロフィール

田中信弥 *Shinya Tanaka*

日本プロランキング最高7位。元オリンピック＆日本代表コーチ。現役引退後、伊達公子のアメリカ遠征に2年連続同行。そのコーチング能力が認められ、日本代表コーチおよびオリンピック強化スタッフに選出される。松岡修造、伊達公子、杉山愛、沢松奈生子などの日本代表選手および日本代表ジュニアの育成に従事。(財)日本テニス協会強化副委員長も務めた。現在は、ウィークエンドプレーヤーのテニス再生機関『瞬間直し実践会』を主宰。伸び悩むテニス愛好家を再生し、過去最高戦績を叩き出す人を続出させている。近著に『テニス・インテリジェンス』（KADOKAWA）がある。

【公式ホームページ】www.tanakashinya.com

松尾 衛 *Mamoru Matsuo*

2008年、東京大学大学院理学系研究科物理学専攻卒業。博士(理学)。現在、中国科学院大学カブリ理論科学研究所准教授。主にナノスケールの回転制御に関する理論研究に取り組んでいる。オンコートでは、テニスボールの回転制御を物理屋の観点で解析し、自らを実験台に悪戦苦闘中。

ブックデザイン・イラスト／室井明浩（Studio EYE' S）

新装版《しんそうばん》　勝《か》てる！　理系《りけい》なテニス
物理で証明する9割のプレイヤーが間違えている〝その常識〟！

2021年5月1日　第1刷発行
2023年11月1日　第3刷発行

著　者　田中信弥《たなかしんや》　松尾衛《まつおまもる》
発行者　吉田芳史
印刷所　株式会社光邦
製本所　株式会社光邦
発行所　株式会社 日本文芸社
〒100-0003　東京都千代田区一ツ橋1-1-1　パレスサイドビル8F
TEL　03-5224-6460（代表）
URL　https://www.nihonbungeisha.co.jp/

Printed in Japan 112210419-112231020 Ⓝ03（210079）
ISBN978-4-537-21890-9

＊本書は『勝てる！理系なテニス』（東邦出版／2018年4月刊行）に加筆、図版を新規に作成し、
「新装版」として再編集したものです。